CONFISSÕES

Coleção Chaves de Leitura

Coordenador
Robinson dos Santos

**Dados Internacionais de Catalogação na Publicação (CIP)
(Câmara Brasileira do Livro, SP, Brasil)**

Conybeare, Catherine
  Confissões : uma chave de leitura / Catherine Conybeare ; tradução de Eduardo Henrik Aubert. – Petrópolis, RJ : Vozes, 2020. – (Coleção Chaves de Leitura)

  Título original: Augustine's confessions
  Inclui bibliografia e índice
  ISBN 978-65-5713-084-1

  1. Agostinho, Santo, Bispo de Hipona, 354-430. Confissões I. Título. II. Série.

20-35590   CDD-270.2092

Índices para catálogo sistemático:
1. Agostinho, Santo : Confissões : Cristianismo   270.2092

Cibele Maria Dias – Bibliotecária – CRB-8/9427

Catherine Conybeare

CONFISSÕES

Uma chave de leitura

Tradução de Eduardo Henrik Aubert

© Catherine Conybeare, 2016

Título do original em inglês: *Augustine's confessions*

Tradução autorizada a partir da edição em língua inglesa publicada pela Routledge, membro do Grupo Taylor & Francis.

Direitos de publicação em língua portuguesa – Brasil:
2020, Editora Vozes Ltda.
Rua Frei Luís, 100
25689-900 Petrópolis, RJ
www.vozes.com.br
Brasil

Todos os direitos reservados. Nenhuma parte desta obra poderá ser reproduzida ou transmitida por qualquer forma e/ou quaisquer meios (eletrônico ou mecânico, incluindo fotocópia e gravação) ou arquivada em qualquer sistema ou banco de dados sem permissão escrita da editora.

CONSELHO EDITORIAL
Diretor
Gilberto Gonçalves Garcia

Editores
Aline dos Santos Carneiro
Edrian Josué Pasini
Marilac Loraine Oleniki
Welder Lancieri Marchini

Conselheiros
Francisco Morás
Ludovico Garmus
Teobaldo Heidemann
Volney J. Berkenbrock

Secretário executivo
João Batista Kreuch

Editoração: Leonardo A.R.T. dos Santos
Diagramação: Sheilandre Desenv. Gráfico
Revisão gráfica: Alessandra Karl
Capa: Editora Vozes
Ilustração de capa: Alexandre Maranhão

ISBN 978-65-5713-084-1 (Brasil)
ISBN 978-1-138-84798-9 (Reino Unido)

Editado conforme o novo acordo ortográfico.

Este livro foi composto e impresso pela Editora Vozes Ltda.

Sumário

Agradecimentos, 7

Mapa dos principais locais mencionados nas Confissões, 9

Linha do tempo, 10

Prefácio, 13

I – Introdução, 25
    1 O título *Confissões*, 25
    2 Circunstâncias de composição das *Confissões*, 28
    3 O significado da *conversio*, 36
    4 O conteúdo das *Confissões*, 40
    5 A estrutura das *Confissões*, 54
    Excerto 1 – Da oração inicial das *Confissões* (1.2.2), 60

II – Linguagem, 67
    1 As *Confissões* como uma conversa com Deus, 67
    2 A importância do questionamento, 72
    3 A aquisição da linguagem, 77
    4 Retórica e clássicos latinos, 81
    5 Afastamento da retórica, 85
    6 A linguagem da Bíblia, 92
    7 A linguagem bíblica das *Confissões*, 100
    Excerto 2 – O firmamento como Bíblia (13.15.16; 18), 107

III – A criação e o mundo sensível, 113
    1 Linguagem e som, 113
    2 Percepção sensorial e perversão do sentidos, 118

3 Maniqueísmo e materialidade, 124
4 Platonismo e imaterialidade, 132
5 O problema de Cristo, 140
6 A criação como manifestação de Deus, 146
Excerto 3 – A ascensão em Óstia (9.10.25), 154

IV – Memória, tempo e o eu, 162
1 Amor e morte, 162
2 Amizade, 167
3 O eu no tempo, 173
4 Memória e esquecimento, 178
5 O problema do tempo, 187
6 Tempo e Trindade, 192
7 O eu perante Deus, 196
Excerto 4 – O encerramento das *Confissões* (13.38.53), 199

V – Posfácio, 205
1 A continuação das *Confissões*, 205
2 A fortuna das *Confissões*, 212
3 Autobiografias e o eu, 216
4 *Confissões* de Derrida, 220

Referências, 227
Traduções das *Confissões* (discutidas no prefácio), 227
Traduções de outras obras de Agostinho (mencionadas no texto), 227
Obras de referência sobre Agostinho, 229

Bibliografia geral, 231

Índice de citações, 245

Índice de temas, 251

Agradecimentos

Eu tenho lido, escrito e refletido a respeito das *Confissões* de Agostinho por mais de 20 anos. Durante esse tempo, acabei formando uma opinião categórica a respeito da forma como as *Confissões* devem ser lidas, de forma que fiquei encantada ao ser convidada para escrever este guia e compartilhar minhas ideias com um público mais amplo. O convite coincidiu, por acaso, com meu ano sabático do Bryn Mawr College, a cujo presidente e diretor eu gostaria de agradecer efusivamente pelo generoso suporte dado com meu afastamento.

Comecei a escrever este guia no início de 2015, quando fui professora visitante do Centre for Research in Arts, Social Sciences and Humanities da Universidade de Cambridge. Voltei para casa, na Filadélfia, aproximadamente quando o estava finalizando. Fui convidada para ir a Cambridge por Simon Goldhill, diretor do Crassh, que me hospedou luxuosamente. Eu também usufruí da hospitalidade do Wolfson College, onde fui hospedada, e, em particular, pelo seu presidente, Sir Richard Evans, e pela sua esposa, Christine Corton.

Minhas inspirações intelectuais estão indicadas, com frequência, nos livros e artigos que eu selecionei como leitura de aprofundamento ao longo deste guia. Aqui, gostaria de mencionar particularmente Philip Burton, que também vi em Cambridge. Quem, além dele, poderia ter me dado tão séria e contínua atenção numa discussão a respeito de como as *Confissões* devem soar?

Também gostaria de agradecer aos leitores selecionados pela Routledge, cujas reações foram ponderadas, generosas e, no geral, um modelo desse gênero.

Desde que vim ao Bryn Mawr, tive a satisfação de dar aulas sobre as *Confissões* algumas vezes, tanto em inglês como em latim. Foi com meus alunos em mente que escrevi este livro. Muitos deles mostraram ter observações perspicazes a respeito da obra. No entanto, refiro-me especialmente a três deles, com quem associo uma passagem específica das *Confissões* e o seu prazer em descobri-la e interpretá-la. São eles Brittany '07, Louisa Foroughi '11 e Monica Quiñones-Rivera '15 (e, caso, você esteja admirado, as passagens das *Confissões* são, respectivamente: 12.28.38, 1.2.2 e 10.8.12).

Este livro é dedicado a eles e a todos os meus alunos no Bryn Mawr, graduados e graduandos, do passado, presente e futuro.

Catherine Conybeare
Filadélfia, PA
Novembro de 2015

Mapa dos principais locais mencionados nas *Confissões*

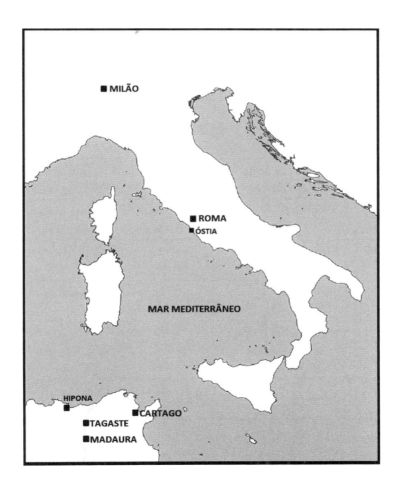

LINHA DO TEMPO

Vida de Agostinho			Império Romano
		313	Edito de Milão, estipulando a tolerância ao cristianismo.
		337	Morte de Constantino, primeiro imperador cristão.
354	Nascimento de Agostinho em Tagaste.		
		361	Juliano o Apóstata torna-se Imperador (até 363).
371	Ingresso na "universidade" em Cartago.		
		374	Ambrósio é consagrado bispo em Milão.
376-378	Docência em Cartago após a morte do seu amigo em Tagaste.		
		379	Teodósio I torna-se imperador.
383	Muda-se de Cartago para Roma.		

384	Torna-se orador público em Milão.		
386	Retira-se em Cassicíaco (no outono).		
387	Batizado em Milão (na Páscoa). Morte de Mônica em Óstia.		
388	Retorno à África para viver em Tagaste.		
391	Ordenado padre em Hipona.		
395	Ordenado bispo em Hipona, sucedendo Valério.	395	Morte de Teodósio I. Sucessão por Honório (no Ocidente) e por Arcádio (no Oriente).
397	Escreve as *Confissões* (finalizadas em 401). Começa a escrever *A doutrina cristã* (completada depois de um longo tempo em 426).	397	Morte de Ambrósio.
400	Começa a escrever *Da Trindade* (finalizada em 419).		
		406	Vândalos cruzam o Reno em direção à Gália.
		408	Teodósio II torna-se imperador no Oriente, sucedendo Arcádio.

Vida de Agostinho		Império Romano	
		410	Roma é saqueada por Alarico e pelos godos. Os refugiados chegam à África.
		411	Conferência antidonatista é realizada em Cartago.
413	Começa a escrever *A cidade de Deus*, finalizada em 427.		
		425	Valenciano III torna-se Imperador do Ocidente, sucedendo Honorário após um curto período de instabilidade e de reinado de Constâncio III.
427	Escreve as *Revisões*.		
		429	Vândalos chegam, pela Espanha, à África.
430	Agostinho morre em Hipona.	430	Vândalos cercam Cartago.
antes de 439	Possídio escreve a *Vida de Agostinho*.		
		439	Cartago é dominada pelos vândalos.

PREFÁCIO

Por qual razão devemos ler as *Confissões* de Agostinho? Por qual razão devemos nos preocupar com a vida e com as peregrinações espirituais de alguém que foi um bispo, no Norte da África, dezesseis séculos antes de nosso tempo? Como devemos lidar com o fato de que a obra é uma longa oração ao Deus de Agostinho, que pode (ou não) ser o nosso próprio Deus? Ler uma obra que é permeada pela linguagem das escrituras cristãs, com a qual quase todos nós estamos menos familiarizados do que ele?

Este livro tentará responder a essas questões. Um modo simples de respondê-las é trazer uma categoria antiquada e dizer que *Confissões* é simplesmente a obra de um gênio. Decerto, trata-se de uma das obras mais originais e envolventes da cultura ocidental. Mas isso não é suficiente. Justamente por ser tão original, tão distinta de tudo aquilo que conhecemos, incluindo aí as obras posteriores que tiram dela sua inspiração ou seu nome, como as de Rousseau, São Patrício ou Derrida, é difícil encontrar uma porta de entrada. Na primeira vez que eu li as *Confissões* não utilizei nenhuma introdução. Eu simplesmente as li, pois elas sempre vinham mencionadas em conversas – eu havia, então, acabado de iniciar o curso de pós-graduação – e julguei que devesse começar a lê-las. Fiquei surpresa; mas, sobretudo, entediada. Nada havia me preparado para esse tipo de obra, nem para as exigências que ela faz ao leitor. Em retrospecto, eu estava resistindo ao tipo de leitura em que Agostinho insiste: eu estava lendo pelo conteúdo, recusando a ser envolvida pela obra. Agostinho comenta explicitamente a respeito de pessoas como eu no início do Livro 10 das *Confissões*. Na ocasião, ele está, como de hábito, dirigindo-se a Deus:

> Que tenho eu a ver com os homens, para que me ouçam as Confissões, como se houvessem de me curar das minhas enfermidades? Que gente curiosa para conhecer a vida alheia e que indolente para corrigir a própria. Por que pretendem que lhes declare quem sou, se não desejam também ouvir de Vós quem eles são? (10.3.3)[1].

Agostinho exige a participação do leitor. As *Confissões* não são uma obra que possa ser lida por cima. Elas foram escritas para que fossem lidas e refletidas vagarosamente, talvez até mesmo enfrentadas, e, por fim, para serem lidas novamente. Não é preciso ser cristão para desfrutar ou deixar-se envolver pela obra, posto que isso ajude a ser o que um colega meu, queniano, chama de "monista". Ao cabo, o prazer reside em escutar uma grande mente lutando com os problemas do eu e da crença, convidando seu público a participar do confronto.

Quando se aproximava o termo final de sua longa vida, Agostinho compilou suas obras e as releu em ordem. Ele anotou as palavras de início de cada obra – algo muito útil para os pesquisadores posteriores –, e escreveu algumas palavras a respeito das circunstâncias de composição, submetendo à crítica tudo aquilo que ele pensava ser doutrinariamente infundado. Os resultados foram compilados em uma obra chamada *Reconsiderações* ou *Revisões*,

---

1. Nas citações das *Confissões*, utiliza-se aqui a tradução de J. Oliveira Santos e A. Ambrósio Pina, publicada pela Editora Vozes, exceto quando a autora estiver discutindo problemas explícitos de uma determinada tradução. Nesses casos, será oferecido o comparativo em nota de rodapé. Eventuais complementos, necessários à coesão do texto e das citações, serão indicados entre colchetes [N.T.].

a respeito da qual comentaremos melhor no posfácio. A entrada das *Confissões* começa da seguinte maneira:

> Os treze livros de minhas *Confissões* lidam tanto com minhas boas como com minhas más ações, e, por isso, elas louvam o nosso justo e bom Deus. Ao fazer isso, elas elevam a mente humana e as afeições em sua direção; elas tiveram esse efeito em mim ao escrevê-las, e ainda o têm em que as lê hoje.

As *Confissões* lidam, como veremos, muito mais com a humildade, especialmente com a humildade diante de Deus. E, ainda assim, se pararmos para refletir, trata-se de uma pretensão incrivelmente ambiciosa: a de que as *Confissões* "elevam a mente humana e as afeições na direção [de Deus]". Agostinho recua um pouco na frase seguinte: "O que os outros pensando a respeito delas, devem eles dizer..." No entanto, o seu desejo é claramente o de um leitor participativo e desejoso, que queira ser elevado em direção a Deus.

* * *

A linguagem é sobremaneira importante para Agostinho, como veremos no capítulo II. O estilo de prosa latina que ele adota ao escrever as *Confissões* é tão inovador quanto a própria obra. Nós apresentaremos essa questão nos quatro excertos das *Confissões* distribuídos neste livro. Mas a importância da linguagem torna a escolha da tradução ainda mais importante do que o normal.

Eu escolhi como tradução de acompanhamento deste livro a de Maria Boulding. Há muitas outras excelentes traduções das *Confissões* para o inglês. Por qual razão eu escolhi essa? Darei os detalhes da minha escolha mais abaixo, ao realizar uma comparação das traduções. Mas a razão mais simples e direta é a seguinte: quando li a tradução de Boulding das *Confissões*, eu senti que ela estava lendo o mesmo livro que eu; que a sua compreensão de Agostinho e o seu projeto para a obra eram essencialmente os mesmos que o meu.

Para esclarecer minha preferência pela tradução de Boulding, compará-la-ei com cinco outras traduções comuns e facilmente encontráveis: as de R.S. Pine-Coffin (Penguin), Henry Chadwick (Oxford), Philip Burton (Everyman), F.J. Sheed (Hackett) e Carolyn J.-B. Hammond (Loeb). Desta última tradução, que é a mais nova, só estão disponíveis por enquanto os volumes 1-8, ao passo que o segundo volume, contendo os livros 9-13, está prestes a aparecer. A Barnes and Noble reeditou a tradução de Albert C. Outler, de 1955. Eu a considero excessivamente arcaizante: Outler, por exemplo, faz uso de *"thee"* e *"thou"* ao longo da obra, de forma que não a discutiremos aqui. No entanto, tal tradução é antecedida por uma excelente introdução de Mark Vessey.

Começarei por um momento em que o próprio Agostinho está pensando alto a respeito da tradução. No caso, não da tradução de uma língua para a outra, mas da tradução de uma frase em palavras diversas da forma mais precisa possível a fim de compreender o seu sentido. A frase em questão é importantíssima, já que se trata das primeiras palavras da versão latina da Bíblia, isto é, do início da história da criação: "No princípio, Deus criou o céu e a terra" (*In principio fecit Deus caelum et terram*). Agostinho está tentando, da forma mais completa e precisa possível, mostrar como essas palavras devem ser entendidas. Ele crê saber "segundo a verdade de Deus" o sentido dessa frase, mas está se esforçando para entender o que Moisés quis dizer com tais palavras – Agostinho cria que Moisés havia escrito o Gênesis. A citação está no Livro 12 (12.24.33). As três traduções são muito semelhantes[2]:

> É possível que, quando ele disse "no começo", ele estava pensando no início absoluto da criação (Burton).

> É possível que, quando ele disse "no começo", ele estava pensando no início primeiro da criação (Pine-Coffin).

> É possível que quando ele disse "no começo", ele quis dizer "no começo da criação" (Sheed).

Cada opção é, de fato, uma tradução possível do texto latino, mas a todas falta certa capacidade de explicação. Ao escolher o termo "criação" para explicar o momento, a explicação se torna circular: no começo da história da criação, o termo "no começo" faz referência ao começo da criação. Não é possível compreender assim.

Chadwick e Boulding evitaram a tautologia:

> Quando ele escreveu "no começo", ele poderia estar pensando no estopim inicial do processo de criação (Chadwick).

> É possível que, quando ele escreveu "no começo", ele teve a intenção de dizer apenas "no início absoluto do processo de criação" (Boulding).

Chadwick é o mais próximo da sintaxe latina e também da escolha lexical. (Perceba-se, porém, a discrepância entre "disse", nas primeiras três traduções, e "escreveu" nessas duas últimas. De fato,

---

2. Na tradução de J. Oliveira Santos e A. Ambrósio de Pina (ed. Vozes): "Pôde ele, de fato, referir-se ao começo da criação quando disse: 'No Princípio'". No texto, tenta-se trasladar à língua portuguesa as diferentes interpretações dadas por cada tradutor em sua tradução das *Confissões* para a língua inglesa [N.T.].

o verbo empregado é *disse*, mas Agostinho, nesse trecho, está utilizando ambos como se fossem intercambiáveis.) A explicação de que nós estamos no início do processo é inestimável, levando-nos à passagem seguinte. Era difícil a Agostinho não repetir a palavra *início*, diferentemente de Pine-Coffin ou Sheed. Ele utiliza, para a palavra que os três primeiros traduziram como "criação", não um substantivo, mas uma forma verbal, de forma que é preferível a tradução que sugere uma atividade ou um processo. Mas, agora, comparemos a tradução de Boulding com a de Chadwick. O conteúdo teológico tem a mesma precisão e a mesma ênfase. A cadência da tradução de Boulding, porém, é muito mais suave. "O início absoluto do processo criativo" soa bem; "o estopim inicial do processo de criação", não. Boulding adicionou somente o advérbio *apenas*, que está ausente do texto latino. Agostinho, porém, parece estar tentando explicar apenas o complexo conjunto conceitual, de forma que o advérbio explicita esse processo. Por fim, o uso de "pensar em" de Chadwick corresponde ao uso de "ter a intenção" em Boulding. De fato, "pensar em" é a tradução mais óbvia do verbo latino *cogitare*, mas o uso da expressão "ter a intenção de" nos lembra que o excerto diz respeito ao sentido e à intenção.

Meu segundo exemplo provém igualmente de um excerto de relevante significado teológico. Afinal, as *Confissões* são, no fim das contas, tão teológicas quanto autobiográficas; e ambos os temas não prescindem de precisão terminológica. Esta frase provém do Livro 8, em que Agostinho está prestes a experimentar sua dramática conversão a Deus. Porém, por mais que a narrativa nos esteja preparando para esse momento, ele segue afirmando não estar preparado para isso. (O excerto está em 8.5.10)[3].

---

3. Na tradução de J. Oliveira Santos e Ambrósio de Pina (ed. Vozes): "A vontade nova que começava a existir em mim, a vontade de vos honrar gratuitamente e de querer

Mas o novo desejo que surgiu em mim e me fez querer servir a Vós livremente e a apreciá-lo, meu Deus, que é a nossa única alegria certa, ainda não estava suficientemente forte para superar o desejo antigo, endurecido pela passagem do tempo (Pine-Coffin).

O novo desejo, que principiava em mim um desejo de servi-lo livremente e apreciá-lo, Senhor, a única fonte segura de prazer, ainda não estava forte o suficiente para sobrepujar o meu antigo desejo, que tinha a força de um velho hábito (Chadwick).

Porém, eu comecei a possuir um novo desejo, um desejo de adorá-lo voluntariamente e de apreciá-lo, ó Senhor, nossa única fonte segura de prazer. Mas ele ainda não estava preparado para superar meu desejo antigo, reforçado por sua longa duração (Hammond).

O novo desejo que, agora, passei a ter, de querer adorá-lo livremente e apreciá-lo, ó Deus, única certa alegria, ainda não estava suficientemente forte para superar o meu antigo desejo, profundamente enraizado em mim ao longo dos anos (Sheed).

O termo dotado de significado teológico no excerto é o advérbio que descreve como o "novo desejo" de Agostinho servirá, ou adorará, a Deus. Em latim, o termo é *gratis*, que, evidentemente, passou ao inglês. No entanto, todos os tradutores, perspicazes, evitam-no, já que faltaria, da mesma forma, força explicativa. Pine-Coffin, Chadwick e Sheed traduzem por "livremente" (*freely*), ao passo que Hammond prefere "voluntariamente" (*voluntarily*). Essas traduções são adequadas, mas um pouco pobres. *Gratis* liga

---

gozar de Vós, ó meu Deus, único contentamento seguro, ainda não se achava apta para superar a outra vontade, fortificada pela concupiscência" [N.T.].

a adoração com a graça abrangente de Deus, *gratia*: afinal, a graça é concedida à humanidade por meio da completa generosidade de Deus, de forma que a adoração deve ser dirigida a Deus em plena generosidade do espírito. Isso é frequentemente descrito em termos de uma troca "livre" (*free*). Mas apenas o "livremente" (*freely*) não evidencia, para o leitor contemporâneo, a relação com a graça. Burton fornece uma explanação mais completa, sendo particularmente bom neste ponto.

> Mas o novo desejo que surgiu em mim – o desejo de adorá-lo *sem querer contrapartida*, e de apreciá-lo, ó Deus, minha única fonte certa de prazer – ainda não era capaz de superar meu antigo desejo, sustentado, como tal, por sua longa duração (Burton; destaquei).

Mas Boulding concebe uma solução formulada com um único advérbio que, tão peculiar, traz para perto do leitor o espanto de Agostinho com seu "novo desejo":

> Um novo desejo começou a surgir em mim, o desejo de adorá-lo tão *desinteressadamente*, e de apreciá-lo, ó Senhor, nossa única certa felicidade. Mas ele ainda não era capaz de sobrepujar aquele antigo desejo, reforçado pelo costume inveterado (Boulding; destaquei).

Note-se, também, neste excerto, a seleção das palavras para a tradução do verbo final, que é *superare*. Quase todos escolheram "superar" (*overcome*), exceto Chadwick, que preferiu "conquistar" (*conquer*). Boulding, por sua vez, escolhe um termo menos comum: "sobrepujar" (*surmount*).

Novamente, sem sacrificar a precisão, Boulding faz uma nítida escolha linguística. Considere, agora, o que Agostinho escreve sobre o início de sua adolescência: "os espinhos das paixões me sobrepujaram a cabeça" (2.3.6). Compare a premência do "sobrepujaram" com o "elevaram" de Chadwick e o "ergueram" de Burton. E, se Hammond usa o termo "brotar", próximo à botânica, sua tradução indica que são os "espinhosos desenvolvimentos da imoralidade sexual" que estão brotando, o que, na verdade, desfaz a metáfora. Ou, em outro passo bastante burilado, em que Agostinho está descrevendo a si mesmo como dominado pela "sujeira" como pura imaginação corporal, diz: "livrava-me disso, mas em um abrir e fechar de olhos, voltava novamente, coagulado, invadindo e entupindo minha visão [...]" (7.1.1)[4]. A resistência material é transmitida pelos verbos coagulado (*clotted*) e entupindo (*clogging*), com essa pesada aliteração. (Os verbos latinos são *conglobata* e *obnubilabat*, que também têm alguma semelhança sonora.) Todos os outros tradutores dão preferência a uma tradução mais literal do segundo verbo, que significa *anuviar*. Boulding, como é evidente, deu preferência à sonoridade e ao sentido geral em detrimento do significado exato, mas menos arrebatador. Pine-Coffin, aliás, parece não ter se atentado à referência que "num abrir e fechar de olhos" cria com o texto bíblico (1Cor 15,52), traduzindo a expressão como "na cintilação de uma pálpebra".

É adequado à preocupação de Boulding com a linguagem e a sonoridade de Agostinho que ela quebre suas frases em orações menores, forçando o leitor a ler mais vagarosamente e a encarar o escrito mais como poesia do que como prosa. Isso é conveniente, pois a sua linguagem é, frequentemente, tão densamente burilada quanto a poesia. Eis uma outra razão pela qual eu acho essa tradução especialmente atraente.

---

4. Na tradução de J. Oliveira Santos e Ambrósio de Pina (Vozes): "Mas, apenas dispersa, eis que, num abrir e fechar de olhos, ela, apinhando-se, de novo se aproximava e irrompia contra as minhas pupilas, obscurecendo-as" [N.T.].

Como eu disse, a escolha de uma tradução é, em última instância, uma escolha subjetiva. Qualquer uma que for escolhida dará ao leitor certa noção do texto original. Ao mesmo tempo, esta discussão terá contribuído para ajudar o leitor a perceber que a arte da tradução, e a de traduzir esta obra em particular, é extremamente difícil. O tradutor é forçado a realizar escolhas difíceis a cada instante. Agostinho é tão acurado em sua linguagem, que exige uma mistura impossível de precisão e de originalidade aos seus tradutores. Caso este texto, porém, estimule o leitor a ler o texto latino de Agostinho, melhor ainda!

Para finalizar, devo mencionar que, caso seja de interesse do leitor o tema relacionado à tradução das *Confissões*, fará ele bom proveito da leitura do maravilhoso ensaio de Philip Burton que acompanha a sua tradução, intitulado "Traduzindo Agostinho". Em apenas dez páginas, ele esboça com destreza uma incontável série de problemas envolvidos na questão.

* * *

Como tradução da Bíblia, eu geralmente faço uso da *New Revised Standard Version* [Nova Versão Padrão Revisada][5], ainda que eu a adapte quando ela não estiver suficientemente próxima da versão que Agostinho menciona. Agostinho, como veremos, considerava a linguagem da Bíblia que ele reproduzia rude e decepcionante (cap. II, seção 6). Isto se deu muitos anos antes de ele

---

5. Nas citações bíblicas, será utilizada aqui a tradução da Editora Vozes da *Bíblia Sagrada*, coordenada por Ludovico Garmus (51. ed., 2012). Complementos, necessários à coesão textual, ou à explicitação de termos constantes na tradução inglesa ou latina, serão indicados entre colchetes [N.T.].

conseguir ver, por meio da linguagem, a sua verdadeira mensagem. Depois, ele travou um debate acalorado com Jerônimo, seu contemporâneo aproximadamente, que estava produzindo uma nova tradução da Bíblia para o latim (a tradução conhecida como Vulgata, na qual a Bíblia latina ainda é baseada), a respeito da conveniência da mudança de termos desprovidos de interesse teológico, mas com os quais a congregação estava acostumada. (Cf. a Carta 82, que responde a Carta 75 e 81: um ponto específico de debate era a questão de Jonas ter ou não descansado sob uma videira!) Parecia uma má ideia tentar escolher uma tradução que emulasse a rudeza que Agostinho considerava questionável. Em vez disso, escolhi uma tradução que é amplamente conhecida das congregações cristãs e que tenta usar de uma linguagem simples. A profundidade manifestada pela linguagem simples foi um dos aspectos que, com o tempo, Agostinho passou a apreciar.

* * *

Por fim, uma nota a respeito das citações. Como já sabemos, as *Confissões* de Agostinho são divididas em treze livros, cada um dos quais se assemelha mais a um longo capítulo, no sentido moderno. Cada um desses livros foi dividido em parágrafos por editores antigos. Hoje, há dois sistemas conflitantes em uso. Há uma convenção em se dar as referências relativas às *Confissões* escrevendo o número do livro seguido dos números dos dois parágrafos (10.3.3). Esse é o sistema adotado por Boulding, e que eu adotarei aqui também. É um pouco complicado, mas permite que, se o leitor estiver utilizando uma tradução que faz uso de um dos sistemas de numeração de parágrafos, poderá ele achar o excerto sem grande dificuldade.

Um último aviso: os pequenos subtítulos na tradução de Boulding são inserções suas. São, em geral, úteis para se localizar melhor ou para relembrar do passo da discussão. Mas não são de Agostinho.

I

INTRODUÇÃO

1 O título *Confissões*

Comumente, as obras da Antiguidade chegaram a nós com títulos que têm pouco ou nada a ver com seus autores. Essas obras receberam tais títulos ou de uma referência comumente utilizada, ou, então, um escriba prestativo o utilizou em algum momento da série de textos manuscritos por meio dos quais a obra sobreviveu. Mas, no caso das *Confissões*, nós podemos estar seguros de que o título foi dado pelo próprio Agostinho. Nós já vimos a forma pela qual ele se refere à obra nas suas *Revisões*: "Os treze livros de minhas *Confissões*" (ainda que, obviamente, os itálicos tenham sido empregados apenas pelos editores modernos. Nós poderíamos, então, ler: "Os treze livros das minhas confissões"). O tema das *Confissões* está costurado ao longo de toda a obra. "Confessar--vos-ei, Senhor do céu e da terra" (1.6.10). "Recebei o sacrifício das *Confissões*" (5.1.1). "Assim, graças a estas *Confissões*, o desejo último de minha mãe será mais copiosamente cumprido com as orações de muitos do que somente com as minhas" (9.13.37).

Devemos ser cautelosos para não associar "confissão" de Agostinho com os pequenos cubículos de madeira que hoje se enfileiram nas laterais das igrejas católicas. Confissão ainda não era

25

uma prática sistematizada ao final do século IV, e Agostinho não se imaginava murmurando por entre as grelhas. Pelo contrário: a confissão era uma proclamação em voz alta, posto fosse alta apenas para Deus, seja dos atos vergonhosos cometidos por uma pessoa, seja para o louvor de Deus. Quando Agostinho prega sobre o Sl 117,1, "confessa ao Senhor", ele afirma que há duas espécies de confissões: "uma é a confissão da sua própria punição, a outra é a de louvor a Deus" (*Sermão Dolbeau*, 8). (Ele, então, continua: "não queres que Deus te puna: tu deves te punir".) Ambos os tipos de confissão estão presentes nas *Confissões*.

Na raiz da palavra latina para confissão (*confessio*, quase idêntico ao termo inglês), há um verbo que significa simplesmente falar (*fateri*). O prefixo *con* significa *com* e, por conseguinte, "confissões" são, em sua essência, falar com, conversas com outrem. A palavra *confessio* pode ser felizmente – e, por vezes, mais confortavelmente – traduzida por "reconhecimento". Mas o leitor há de perceber que o *com* é extremamente importante. Não há nenhum sentido em confessar, reconhecer ou ter uma conversa senão se se fizer isso com alguém, na presença de outrem. Para Agostinho, esse alguém é Deus. E, em razão de se supor que a confissão é feita em voz alta, o leitor é privilegiado – na verdade, como vimos nas *Revisões*, é-lhe permitido intencionalmente escutar as confissões. No texto latino das *Confissões*, há mais de 100 ocorrências do substantivo *confessio* ou do verbo correspondente, *confiteor* ("eu confesso"): é preciso estar atento às suas ocorrências no texto.

A explanação mais extensa das *Confissões* a respeito do que Agostinho entende por confissão vem no início do Livro 10: "Mas Vós amastes a verdade, e quem a pratica alcança a luz. Quero também praticá-la [fazer a verdade] no meu coração, confessando-me a Vós, e, nos meus escritos, a um grande número de testemunhas"

(10.1.1). A expressão *fazer a verdade* é tão estranha em latim como na tradução. Ela poderia ser traduzida também por *produzir a verdade*, o que dá a entender que a verdade é fabricada, feita pelo homem. *Fazer a verdade*, por outro lado, é construído por analogia com *fazer o bem*, o que é apropriado. Fazendo o bem, torna-se bom; fazendo-se a verdade, ninguém se torna a verdade: apenas Deus é a verdade. Mas se torna verdadeiro para Deus e, por isso, próximo da verdade tal como alguém pode humanamente dela se aproximar. As confissões aqui são esforços internos de honestidade e de reconhecimento perante Deus. O que lemos no documento escrito é a sua manifestação externa.

A confissão dos erros de uma pessoa é algo redundante, mas necessário: "Para Vós, Senhor, a cujos olhos está patente o abismo da consciência humana, que haveria em mim oculto, ainda que vo--lo não quisesse confessar?" (10.2.2). É isso que abre o ser humano para Deus. E a confissão da bondade é um reconhecimento de que todas as coisas boas não são nossas, mas são dons de Deus.

É aí que Agostinho mostra preocupação em que alguns membros de sua audiência estarão ouvindo apenas por fofoca, e não para o aperfeiçoamento pessoal. "Por que pretendem que lhes declare quem sou, se não desejam também ouvir de Vós quem eles são?" (10.3.3). Mas, ao fim, ele conclui que a maior parte deles o está ouvindo por caridade:

> [Eles] Querem, pois, ouvir-me confessar quem sou no interior, para onde não podem lançar o olhar, o ouvido ou a mente. Querem-no contudo, dispostos a acreditar. Poder-me-ão conhecer? A caridade, porém, que os torna justos, diz-lhes que eu, ao confessar-me, não minto. É ela quem os faz acreditar em mim (10.3.4).

Conforme esclarece Agostinho, confissão não se refere apenas aos fatos passados; mas, sobretudo, ao próprio presente. É o mais importante ato de entrega a Deus e ao seu público humano. "Confesso-vos isto, com íntima exultação e temor, com secreta tristeza e esperança, não só diante de Vós, mas também diante de todos os que creem em Vós; dos que participam da mesma alegria e, como eu, estão sujeitos à morte [...]" (10.4.6). E a confissão – o fazer da verdade – deve ser tão completo quanto possível: "Confessarei, pois, o que sei de mim, e confessarei também o que de mim ignoro" (10.5.7). Não conhecer, isto é, a honesta apreciação dos limites do conhecimento humano sempre foi muito importante para Agostinho, possivelmente mais importante do que o conhecer: paradoxalmente, o não conhecer aproxima mais o homem de Deus, pois evidencia com maior clareza o seu poder e a iluminação grandiosa que será, ao fim, oferecida àquele que crê.

LEITURA DE APROFUNDAMENTO

Para maiores informações a respeito do "fazer a verdade", confira O'Donnell (1992, I, introdução). A respeito do título, confira O'Donnell (1992, II, 3-7). Confira também a leitura multifacetada da *Confessio* feita por Verheijen (1990).

2 Circunstâncias de composição das *Confissões*

Agostinho, no início do Livro 10, é claramente – e até penosamente – consciente de sua ampla audiência. Ele também é consciente de que eles podem não o estar ouvindo com corações bondosos. Ele também está consciente de que eles o podem estar ouvindo pelos seus pecados e, ainda assim, ele se sente obrigado a se expor a eles. Tanto o ávido interesse do público como o senso de dever de Agostinho podem derivar do mesmo fato, a saber: do momento em que Agostinho escolheu para compor a sua obra.

Agostinho começou a escrever as *Confissões* em 397, ano em que ele completara 43 anos (seu aniversário era 13 de novembro). À época, ele vivia no frenesi de Hipona, um porto da costa mediterrânea no Nordeste da atual Argélia. Hoje, chama-se Annaba e continua sendo um porto. A cidade ficava apenas a 60 milhas de distância da cidade em que Agostinho nascera em 354: trata-se da pequena Tagaste, hoje chamada Souk Ahras, localizada aproximadamente ao Sul de Hipona, mas ainda na zona fértil que produzia abundantemente grão e azeite para o mundo romano. Afinal, o Norte da África ainda era governado pelos romanos: o limite ocidental de seus domínios na África começava aproximadamente na metade do atual Marrocos, estendendo-se o império a Leste por toda a costa mediterrânea, e, ao Sul, até os limites do Saara. O pai de Agostinho era romano, ainda que sem nenhuma distinção. Chamava-se Patrício, era um pequeno proprietário de terras e membro do conselho da cidade de Tagaste. A mãe de Agostinho – que, como veremos, aparece notoriamente nas *Confissões* – era provavelmente berbere – o que se afirma com base em seu nome, Mônica –, oriunda de um dos povos do Norte da África que precedeu aos romanos e que sobrevivia até aqueles dias.

Os pais de Agostinho claramente tiveram de esforçar-se para lhe pagar sua educação. Ele estudou em Tagaste, depois com os gramáticos da região de Madaura e, depois, tirou um ano de ócio de volta à sua casa, em Tagaste, enquanto juntavam dinheiro para mandá-lo à "universidade" em Cartago. Essa cidade era um importante porto ao Norte da atual Tunísia, sendo, à época, uma das cidades mais importantes, prósperas e diversificadas do mundo romano. Sua estada em Cartago foi um período de crescimento intelectual e espiritual: de uma vaga relação com o cristianismo, religião em que havia sido criado, Agostinho converteu-se à empolgante e carismática seita dos maniqueístas. Por mais que ele nunca se tenha elevado ao mais alto grau na hierarquia dos maniqueístas – a posição de eleito – ele foi um ouvinte maniqueísta na década seguinte, dos inícios de 370 ao começo dos anos 380, tendo aprendido a sua doutrina e tendo prestado apoio ao eleito. Agostinho prosseguiu ensinando retórica em Cartago e então, em um ambicioso passo na direção Norte, mudou-se para Roma. Tratava-se de uma cidade já decadente no fim do século IV d.C., mas que ainda era o centro simbólico do império. A mudança não logrou sucesso: Agostinho, então contando apenas 30 anos de idade, foi salvo por uma indicação como orador público na cidade imperial de Milão. Mas sua inquietação era tanto espiritual como geográfica. Ele foi progressivamente voltando ao cristianismo, agora temperado com um intenso sabor neoplatônico. Há um evento muito marcante, ocorrido num jardim de Milão, quando uma criança desconhecida o exortou a "tomar e ler" a Bíblia, selando, assim, sua reconversão. Na Páscoa de 387, Agostinho foi batizado em Milão, retornando em 388 para Tagaste. Jamais deixaria novamente o Norte da África.

O período entre esse evento e os dez anos seguintes, quando Agostinho começou a compor as *Confissões*, devem ter sido um tempo estranho e conturbado. Uma das frases mais célebres das *Confissões* aparece logo no primeiro parágrafo do Livro 1, na primeira grande oração a Deus: "nosso coração permanece inquieto enquanto não repousa em ti". Toda a obra é uma busca angustiada e turbulenta desse repouso. Após o seu retorno da Itália, considerando a estrutura e o foco de sua carreira docente, podemos deduzir que Agostinho estava querendo saber como ele poderia cumprir melhor sua nova vocação. Tratou-se de um período de perdas: sua mãe, que o havia acompanhado à Itália, morreu no outono seguinte ao seu batizado; seu amado filho, Adeodato, nascido de um longo relacionamento que começara no final de sua adolescência com uma mulher com quem não podia se casar, morreu logo após o seu retorno à África. Agostinho não nos relata seus sentimentos durante sua volta à casa, pois a sequência biográfica das *Confissões* acaba com a morte de Mônica. Mas algumas de suas cartas desse período chegaram até nós, e podemos deduzir que seus sentimentos eram ambivalentes. O tom das cartas varia. Escreve-as aos seus superiores com exagerada polidez, fazendo florescer a retórica que havia aprendido, senão antes, nos refinados círculos da corte de Milão. Ele constantemente evoca o exemplo de um mundo mais amplo – as práticas das "Igrejas do além-mar" são mencionadas com certa delonga – de uma forma que dificilmente teria agradado aos seus conterrâneos. No entanto, por vezes, ele afirma firmemente sua identidade africana. Assim, a carta de dura repreensão a um professor de colégio em Madaura, que ousara zombar dos nomes púnicos de mártires cristãos, é um desses casos (*Carta* 17). O que emerge, sobretudo, com muita clareza, dessas primeiras cartas é que, após o seu retorno à África na qualidade de cristão batizado, Agostinho encontrou um conjunto de perfis religiosos, os quais ele provavelmente havia ignorado, em sua maioria, anteriormente. Afinal, a vertente dominante do cristianismo praticado na África não era a romana, a que Agostinho agora aderia, mas a vertente cismática, que julgava ser a única Igreja. Em termos de crença, era idêntica à fé de Agostinho. A distinção residia em questões relativas à sucessão episcopal e batismal, que se prolongavam desde a época das perseguições, no final do século III. Agostinho chamava a este tipo de cristianismo donatismo. Suas primeiras cartas mostram-no repetidamente desafiando os defensores dessa vertente ao debate público, seja por escrito, seja presencialmente.

Aparentemente, Agostinho havia inicialmente planejado viver, após seu retorno para casa, em retiro cristão. Tratava-se de uma espécie de combinação de protomonasticismo com o ócio intelectual (*otium liberale*), tão amado da aristocracia romana. Nós podemos apenas imaginar que tipo de papel desempenhou a morte de seu filho na decisão de aceitar uma situação mais ativa. Mas, em 391, ele foi ordenado padre em Hipona, contrariamente ao seu desejo – conforme sabemos com base em seu primeiro biógrafo, Possídio –, de forma que Hipona permaneceu seu domicílio para o resto de sua vida. Ele morreu em 430 lá, à época em que a cidade estava sob domínio dos vândalos, uma transição pungente. Uma vez ordenado, os talentos oratórios de Agostinho logo foram reconhecidos: ele foi autorizado a pregar mesmo já havendo um bispo em Hipona. E, ainda antes da morte do bispo, em 396, tomara ele, de fato, parte nos deveres episcopais.

Isso nos leva ao momento em que ele resolve empreender a composição das *Confissões*. Trata-se, como se pode imaginar, de um extraordinário momento para redigir e divulgar uma obra de meticulosa autoexposição e de angustiante autoquestionamento. Agostinho já havia escrito livros antes, como alguns diálogos que ficavam às raias da filosofia e da teologia, tentativas de tratados de música e outras artes liberais, e um comentário fortemente alegórico ao Gênesis. Mas, como James O'Donnell apontou, os meados dos anos 390 parecem ter sido um período de bloqueio em sua escrita: ele andava à procura de algo, começando e abandonando seus projetos. Em um de seus primeiros diálogos, Agostinho havia reclamado que as pessoas podiam sofrer uma grande mudança interna; mas, até que a tornassem pública, "todos acreditam que elas são o mesmo tipo de pessoa que sempre haviam sido" (*Da ordem*, 2.10.29). Na composição de uma obra tão profundamente pessoal e idiossincrática como as *Confissões*, Agostinho parece ter encontrado novamente um rumo. Foram nessas condições que ele resolveu tornar pública a sua grande mudança.

Sua impressão de um interesse ávido e sobretudo lascivo de seu novo público não era, muito provavelmente, uma frivolidade. Ele agora atuava sozinho como bispo. Era conhecido por ser hábil com as palavras e por ter passado épocas do outro lado do mar praticando essa habilidade. Isso não era necessariamente visto como algo positivo. (A carta do professor de Madaura mostra uma inquietação pessoal com as armadilhas da retórica.) Ele começou a granjear sua reputação nos debates com os donatistas a respeito de distinções que, para muitos do público, deviam parecer incompreensíveis. Antes de mais nada, ele havia sido outrora um seguidor comprometido – e, sem dúvida, também loquaz – da seita maniqueísta.

Essa deve ter sido a causa mais premente por que Agostinho quis expor "o que eu sou por dentro", e por que ele esperava ser ouvido com boa vontade. Como Jason Beduhn apontou, "[o] Agostinho convertido era sempre e inevitavelmente também o Agostinho apóstata". Ao se converter ao maniqueísmo, ele abandonou – "permaneceu longe" dele, segundo o significado literal de *apostasia* – o cristianismo, em que havia sido criado. Quando, em seus anos de maturidade, converteu-se novamente ao cristianismo, ele "permaneceu longe" do maniqueísmo. Mas que garantia havia de que ele não mudaria novamente de posição? Como podiam as pessoas saber que ele estava sendo sincero? Como elas poderiam saber que ele havia realmente expurgado seu herético maniqueísmo?

Pouco importa que o motivo mais imediato para redigir as *Confissões* tenha sido um pedido de Paulino de Nola, um importante aristocrata convertido na Itália, que Agostinho muito admirava, e que o instara a relatar como ele se convertera. (Esse tipo de narrativa parece ter sido um dos modos pelos quais os cristãos da época formavam laços entre si, isto é, com suas histórias de conversão; cf. a Carta 3 de Paulino e a correspondência ulterior com Agostinho.) Eram os maniqueístas, como veremos na seção 3 do capítulo III, que pesavam na composição da obra. Agostinho quer que eles o ouçam; mesmo quando não são expressamente mencionados, muitas das ideias teológicas e filosóficas que Agostinho aduz revelam seu progressivo distanciamento do maniqueísmo.

É com a linguagem a outra grande preocupação implícita de Agostinho nas *Confissões*. Para a composição de sua obra, Agostinho desenvolve um estilo de prosa latino que é bastante distinto do modo como ele escreveu em outras obras. É tão fortemente entremeada com a linguagem da Bíblia, que chega a ser difícil determinar onde começa e onde termina uma citação bíblica. Além disso, ele claramente evita o enganoso floreio da retórica romana. Isso se deve, ao menos em parte, à sua intenção de tranquilizar um público que desconfiava de ser manipulado.

É claro que as *Confissões* exercem um tipo de manipulação na medida em que tentam manipular os leitores a compartilhar o progresso espiritual de Agostinho. Segundo penso, Agostinho não teria visto um problema nisso. "Os treze livros das minhas *Confissões* [...] elevam a mente humana e suas afeições a Deus." O leitor verdadeiramente comprometido há de imergir nas experiências de Agostinho e há de terminar compartilhando sua perspectiva; é isso que Agostinho espera. É interessante notar, assim, em que pontos ele para e o que é deixado de fora. A narrativa cronológica das

Confissões termina, como já mencionamos, com a morte de sua mãe no outono de 387. Com isso, entrevemos brevemente o momento anterior à morte de Adeodato. No entanto, não há relato a respeito do seu retorno à África, de sua volta a Tagaste, da sua relutante ordenação em Hipona nem de sua ascensão ao episcopado. Não há tampouco relato a respeito do seu crescente conhecimento sobre da Bíblia e da doutrina da Igreja, por mais que saibamos, novamente por meio de suas cartas, que ele se sentia angustiado por sua ignorância e pedira mais tempo para que pudesse estudar a Bíblia antes de sua ordenação. Não há menção ao donatismo, a outras controvérsias na Igreja ou aos seus deveres pastorais em geral. Uma forma de interpretar isso é que a especificidade da turbulência de sua experiência particular é agrupada, após o momento de sua conversão – isto é, sua virada em direção a Deus – em algo mais geral, um estado espiritual de contentamento religioso e de louvor. Porém, Agostinho tem também o difícil dever de mostrar que a conversão não é estática: trata-se de um processo contínuo. Praticamente no final da obra, muito depois da ordem do "toma e lê", Agostinho reclama: "mas [minha alma] ainda está triste, porque escorrega e se transforma em abismo, ou melhor, sente que ainda é abismo" (13.14.15). A última palavra da obra em latim é *aperietur*, que significa "será aberto". Não há encerramento, pois o melhor ainda está por vir.

Leitura de aprofundamento

A citação que menciona "O apóstata Agostinho" provém de Beduhn (2010). Já a *Vida de Agostinho* provém de Brown (2000), devendo-se ler a segunda edição, que contém um longo epílogo, com as revisões do autor. Wills (1995) é uma leitura rápida e envolvente. O'Donnell (2005) é estimulante e conscientemente revisionista.

3 O significado da *conversio*

Conversão – *conversio* em latim – é um conceito tão fundamental para as *Confissões* e para o que as pessoas falam a respeito dessa obra, que nós precisamos nos deter e considerar o que Agostinho quis dizer com tal palavra. Novamente, vemos o prefixo *con-*: trata-se, portanto, de algo que precisa ser feito com outrem. *Versio* advém de um verbo que significa "virar-se". Conversão, portanto, não é apenas um virar-se em direção a Deus, mas um virar-se com Deus, na companhia de Deus.

Tendo dito isso, Agostinho utiliza o termo *conversio* apenas três vezes nas *Confissões*. Em cada uma dessas três ocorrências, o termo marca o momento decisivo de virada em direção a Deus. Isso é evidente em uma passagem do final da obra: "na verdade, nós que, pela alma, somos criaturas espirituais, afastados outrora de Vós – nossa luz [adquirida pela conversão] – fomos trevas nessa vida" (13.2.3). Nas outras duas ocorrências, ambas no mesmo capítulo do Livro 9, o sentido é mais próximo da nossa noção comum de conversão: "Não muito depois da vossa conversão e regeneração por meio do vosso Batismo [...]" (9.3.6).

Mas o verbo correlato, *converto*, é usado com uma frequência dez vezes maior, ressaltando o fato de que a conversão é um processo, e não um momento. (Isso é especialmente digno de nota, pois a relação entre o verbo e o substantivo para "conversão" é frequentemente obscurecida na tradução.) Agostinho põe em evidência essa noção diversas vezes no curso das *Confissões*, algumas vezes de forma jocosa, outras de forma sombria.

Há apenas uma linha de um salmo que é particularmente importante para a conversão (Sl 80,7, segundo a numeração moderna). Agostinho a menciona apenas uma vez e, imediatamente, fornece uma interpretação. Mas a citação surge como mais uma das tantas imagens de conversão no curso da obra. "Deus das virtudes, convertei-nos (*converte*), mostrai-nos a vossa face, e seremos salvos. Para qualquer parte que se volte (*verterit*) a alma humana é à dor que se agarra, se não se fixa em Vós, ainda mesmo que se agarre às belezas existentes fora de Vós e de si mesma" (4.10.15). No processo de conversão, Deus é o agente do bem, virando o espírito humano em direção a si, de forma que se reza pela sua intervenção. Senão, o espírito humano é capaz de virar-se em outro sentido. Deus segue presente, mas o espírito não está com Deus. Tanto é assim, que, quando Agostinho caminha em direção à Igreja, diz ele: "assim me convertia (*convertebar*), ó meu Deus, confundindo-me e alegrando-me [...]" (6.4.5).

Conversão e confissão estão intimamente ligadas: "que se convertam (*convertantur*) e vos procurem, porque, da mesma forma como deixaram o criador, Vós abandonais a criatura. Convertam-se (*convertantur*) e vos procurem, já que estais no seu coração, no coração dos que vos confessam [...]" (5.2.2).

Boulding quebra o texto em linhas pequenas nesse trecho. Isso chama a atenção para as repetições da prece e para a forma como os seus elementos agem como um pêndulo, de um lado para o outro: Deus em direção à criação, a criação provindo do criador, e a criação em direção a Deus – que, no fim, já está lá. Deus segue sendo o agente – *convertantur* significa, na verdade, "que eles sejam virados" – mas os seres humanos, criados, devem reconhecer isso admitindo-o consigo. Trata-se de um complicado e emaranhado processo de virar e ser virado.

A passagem que lida de forma mais aguda com a noção de conversão não contém, na verdade, nem o verbo *converto*, nem o

substantivo correlato. Em vez disso, Agostinho usa o verbo antô-
nimo *averto*, "virar-se para longe de", dando um sentido doloro-
samente físico ao que *conversão* pode significar. O contexto trata
de uma história de conversão narrada por um oficial do império
chamado Ponticiano. Agostinho o escuta compulsivamente, mas
resiste ao sentido que a história pode ter para ele. (Na verdade,
apenas algumas páginas mais à frente ele enfim cede e faz a sua
viragem em direção a Deus.)

> Isto me contava Ponticiano. Mas Vós, Senhor, enquan-
> to ele falava, me fazíeis refletir sobre mim mesmo, ti-
> rando-me da posição de costas em que me tinha posto
> para eu próprio não me poder ver. Vós me colocáveis
> perante o meu rosto, para que eu visse como andava
> torpe, disforme, sujo, manchado e ulceroso. Via-me e
> horrorizava-me; mas não tinha por onde fugir. Todas as
> vezes que me esforçava por afastar essa vista (*avertere*),
> Ponticiano avançava sempre na narrativa. Vós me colo-
> cáveis a mim mesmo diante de mim (8.7.16).

Em nenhuma outra passagem fica tão explícita a complexidade da "viragem" da conversão. Aquele que não se converteu está
dividido, em conflito consigo mesmo e, por vontade de Deus, é
forçado, em última instância, a confrontar-se consigo e com sua
própria iniquidade. (Agostinho se alonga, como veremos, a respeito das formas com que o ser pode estar dividido de si mesmo. A
noção é propositadamente paradoxal.) "Vós me colocáveis a mim
mesmo diante de mim": primeiramente, o ser precisa reconhecer e
examinar a si mesmo; então, ele precisa alinhar-se a si com Deus.
Deus está sempre presente, mas o ser pode estar virado contra Ele.
"Porém eu me apartava de mim, e, se nem sequer me encontrava a
mim mesmo, muito menos a Vós" (5.2.2).

A conversão de Agostinho é apenas uma viragem ou é uma viragem de retorno? Alguns críticos insistem em que Agostinho apresenta seu engajamento com o cristianismo como um novo começo. Mas um trecho do Livro 10 pode favorecer a interpretação da *viragem de retorno*: "me lembro das lágrimas derramadas ao ouvir os cânticos da vossa Igreja nos primórdios da minha conversão à fé" (10.33.50). Uma das funções da mãe de Agostinho na narrativa das *Confissões* é fornecer uma medida terrena para a distância de Deus e da adequada fé cristã. Isso é representado da forma mais literal possível quando Agostinho relata um sonho que Mônica tivera quando ele começara a se envolver com os maniqueístas: "Nesse sonho viu-se de pé sobre uma régua de madeira. Um jovem airoso e alegre [Cristo] veio ao seu encontro a sorrir-lhe [...]" (3.11.19). Ela, Cristo e Agostinho estavam todos em pontos distintos da mesma régua. Cristo assegura a Mônica que Agostinho se aproximará dela e chegará ao lugar em que ela está agora. Não surpreende assim a seguinte consideração:

> Mas, enfim, descobrindo-lhe que já não era maniqueísta e que também ainda não era católico, não saltou de alegria, [...]. Tendo a certeza de que Vós, que lhe prometestes a graça total, me daríeis o que faltava, respondeu-me, com grande calma e com o coração cheio de confiança, que esperava em Cristo que, antes de partir desta vida, me havia de ver fiel católico (6.1.1).

Não surpreende tampouco que ela tenha sido a primeira pessoa a quem Agostinho relatou o momento de sua conversão – sua viragem de retorno – no jardim em Milão (8.12.30). É Mônica que, antes de todos os outros, à exceção de Deus, antecipa, espera e celebra a conversão de Agostinho.

LEITURA DE APROFUNDAMENTO

Confira a entrada para "conversão" (*conversion*) em Fitzgerald (1999), e também Fredriksen (1986), criticado por Matter (1990). Confira, ainda, Stark (1990).

4 O conteúdo das *Confissões*

Neste livro, minha abordagem das *Confissões* terá, em geral, caráter temático, pois é fácil rastrear os fragmentos biográficos de sua vida, que Agostinho nos fornece, mas é difícil compreender as preocupações temáticas que informam o conjunto da obra. Essas questões ajudam Agostinho a selecionar quais episódios incluir, por mais que deva ser dito que a conexão nem sempre é clara, e frequentemente sobrecarregam a narrativa em si com orações e reflexões. Mas, neste ponto, pode ser útil ao leitor apenas expor, livro por livro, o conteúdo básico das *Confissões*.

As *Confissões* se iniciam com uma longa prece, que será parcialmente analisada em detalhe no excerto 1. "Concedei, Senhor, que eu perfeitamente saiba se primeiro vos deva invocar ou louvar, se, primeiro, vos deva conhecer ou invocar". Mas o Livro 1 segue mais ou menos a ordem cronológica, com o nascimento de Agostinho – ele, aliás, especula a respeito da existência da vida antes do nascimento –, o seu período de amamentação, a sua infância, seu gradual aprendizado da linguagem (sendo que o sentido literal de *infância*, em latim, é *não falante*), com sua juventude e seus tempos de escola. Ele compara o prazer de aprender o latim com o sofrimento de aprender o grego, além de comentar a respeito do seu fervoroso apego aos clássicos latinos, sobretudo a Virgílio. A parte narrativa do livro se encerra com uma dura crítica ao

40

(i)moral comediógrafo romano Terêncio e com um reconhecimento angustiante dos seus pecados da juventude.

O Livro 2 é um retrato de um adolescente ocioso. Esse é o momento em que Agostinho é convocado de Madaura (ou Madauro, atual Mdaurouch) por seu pai. Lá, ele estava alegremente imerso na leitura de Virgílio na escola dos gramáticos. Estando de volta à casa aos 15 anos e tendo pouco a fazer, relata sua obsessão por sexo. Sua mãe, com admirável candura, faz-lhe um alerta, dizendo "[...] que me abstivesse da luxúria e sobretudo não cometesse adultérios [...]" (2.3.7). Como forma de medir-se com seus amigos, ele finge ter mais experiência do que realmente tinha. Esse cenário não é estranho. Mas a maior parte do livro é dedicada a relatar o episódio em que Agostinho, junto de seu pequeno bando, roubou algumas peras verdes da propriedade de um vizinho. Como narrativa do mecanismo de pressão exercida pelos amigos, o relato é ímpar. O Agostinho maduro, afligindo-se a respeito dos seus motivos, claramente toma a história como um microcosmo de tudo que estava errado em sua vida àquela época.

O Livro 3 relata a ida de Agostinho à "universidade" – uma escola de retórica – em Cartago, que era um porto próspero e dinâmico, muito maior que qualquer outra cidade que ele já houvesse visitado. Ele ainda era obcecado por sexo: "era para mim mais doce amar e ser amado, se podia gozar do corpo da pessoa amada" (3.1.1). Seu relato a respeito de sua libido flutuante é corroborado por um sermão pregado mais de 20 anos depois, quando ele se recorda das oportunidades de sexo oferecidas quando se juntavam homens e mulheres nas vigílias da Igreja "quando eu estava estudando em Cartago" (*Sermão Dolbeau*, 5.2; o sermão foi pregado em Cartago). Ele também nutre obsessão pelo teatro, especialmente pelas tragédias, e intriga-se retrospectivamente pelo seu gosto em assistir à dor alheia. Trata-se, porém, de um claro período de expansão intelectual. Ele leu o diálogo *Hortênsio*, de Cícero, que ele diz, à época e depois, ser a primeira obra que o virou na direção de Deus ao estimular nele o amor pela sabedoria, que, depois, Agostinho viria a associar com Cristo. Então, ele se converte ao maniqueísmo. (O impulso da narrativa é seu desgosto com o estilo rude das Escrituras cristãs.) Boa parte do livro é dedicada a promover invectivas contra as tolices dos maniqueístas e a lamentar a ignorância que o fez sucumbir a tal crença. Mas, como dissemos, ele permaneceu como membro da seita por quase uma década, de forma que, à época, sua aderência deve ter sido parte da expansão intelectual de sua formação superior, provendo-lhe uma sensação de pertencimento e um objetivo distante dos bandos adolescentes de Tagaste e de Cartago. O livro, porém, é encerrado com o desgosto de Mônica em ver o seu filho afastar-se da Igreja.

O Livro 4 traça uma relação de semelhanças entre as tolices do maniqueísmo e o ensino das artes liberais, com que Agostinho então se ocupava de volta em Tagaste. O relato é atormentado pela beleza sensual e pela experiência carnal. A busca pelo sexo é resolvida por um relacionamento com uma jovem mulher que ele nunca nomeia, mas com quem ele vive por alguns anos: "[...] guardava-lhe a fidelidade do leito [...]" (4.2.3). (Em seguida, eles têm um filho. Adeodato, por sua vez, não é nomeado senão no Livro 9.) Por outro lado, a busca por sentido está longe de ser resolvida: Agostinho aventura-se pela astrologia, escreve um livro *Da beleza e do harmônico* (e desperdiça a oportunidade em razão de uma dedicação mal aplicada), lê as *Categorias* de Aristóteles, que, em um retrospecto pesaroso, apenas o ensinaram a como não pensar a respeito de Deus. Relata-se, no meio da narrativa, a morte de um amigo de infância em Tagaste. Sob a influência de Agostinho, ele havia seguido os maniqueístas, mas foi batizado como cristão quando enfermo. Ao morrer, deixou Agostinho totalmente de luto. Isso levou ao seu retorno a Cartago.

O Livro 5 narra a sua lenta e incansável conversão em direção a Deus. No início do livro, Agostinho ainda está em Cartago e ainda se sente atraído pelos maniqueístas. Mas ele se desilude quando conhece e conversa com Fausto, que era considerado um dos mais importantes defensores do maniqueísmo. O livro se estrutura, em geral, em torno da crescente desconfiança de Agostinho em torno da eloquência retórica. A ignorância de Fausto estremece a sua crença. Caminhando para o final do livro, Agostinho está ouvindo o bispo Ambrósio de Milão, admirando sua eloquência, mas começando a perceber (ou, ao menos, é o que ele diz) que não era o estilo que tornava as palavras de Ambrósio tão persuasivas, mas o seu conteúdo. Nesse ínterim, Agostinho deixa Cartago para dar aulas em Roma, sendo lá recebido pelos seus companheiros maniqueístas, mas abandonado pelos seus alunos. Símaco, então, recomenda-o para ser, ironicamente, professor de retórica em Milão. "Era para me separar [dos maniqueístas], mas tanto eles como eu o ignorávamos" (5.13.23). Em um estado de apatia, ele se torna um catecúmeno cristão – isto é, alguém, que está aprendendo a respeito da fé cristã como preparação para o Batismo –, por mais que sua única aderência intelectual à época fosse aos céticos conhecidos como acadêmicos, que duvidavam da possibilidade do conhecimento humano.

Os livros 6 e 7 são livros de uma dolorosa estase. Agostinho está imerso em autoquestionamentos. Ele continua sendo um catecúmeno em Milão, em busca de comprometimento e direção. Ocorrem mudanças graduais, que se mostrarão imensamente importantes, mas que são fáceis de ignorar na busca instintiva por uma estrutura narrativa convencional. Agostinho começa a afastar-se do seu materialismo grosseiro: "alegrei-me e envergonhei-me de ter ladrado, durante tantos anos, não contra a fé católica, mas contra ficções tecidas de pensamentos corruptos" (6.3.4). Ele começa a se sentir menos alheado das Escrituras cristãs. Ele dramatiza seus infindáveis solilóquios – uma palavra que, não por coincidência, foi inventada pelo próprio Agostinho – a respeito do comprometimento e do adiamento: "adiava de dia para dia o viver em Vós [...]" (6.11.20). No pano de fundo do Livro 6, há três figuras estáveis: Mônica, que passa a acompanhar Agostinho em Milão e está convicta de que ele se converterá; Ambrósio, cujas pregações ajudam-no a pensar em termos mais abstratos e espirituais a respeito tanto de Deus como das Escrituras; e o grande amigo de Tagaste, Alípio, que depois se tornaria bispo daquela cidade. Alípio, aliás, é trazido para o primeiro plano com um extenso perfil, que se delonga no seu caráter exemplar e no seu autocontrole, à exceção do gosto por assistir aos jogos de gladiadores. Esse vício é contrastado com a atitude de Agostinho em relação ao sexo. Sua jovem companheira ausenta-se, obstaculizando um possível casamento. Agostinho, porém, logo arranjará outra pessoa.

O Livro 7 continua a lutar com ideias, prestando pouca atenção aos eventos externos. A incorporeidade e a imutabilidade de Deus seguem sendo pontos de adesão para Agostinho. Ele argumenta energicamente contra os maniqueístas, mas está apenas começando a apontar onde eles erram em sua principal divisão do mundo entre entes bons e maus: "Em absoluto, o mal não existe [...] para Vós [...]" (7.13.19). Frequentemente, seus debates internos são circulares: ele está tentando entender o livre-arbítrio pela própria vontade. A filosofia neoplatônica estimula a que Agostinho "volte a si mesmo", mas ele ainda não consegue encontrar

Cristo em si mesmo. No meio de tudo isso, ele final e decisivamente rejeita as previsões astrológicas que havia julgado sedutoras. No meio da estase há, novamente, um gradual afastamento das ideias falsas e uma lenta conceptualização prévia das ideias corretas. A partir do Livro 5, Agostinho se debate com a noção de como Deus tem de ser distinto de todas as outras coisas. Veem-se aqui os primeiros passos em direção a uma formulação positiva de Deus.

Agostinho está agora começando a lidar com a noção de Cristo como um mediador, ainda que, nessa época, ele e Alípio tenham visões distintas e heréticas do que Cristo pode ser. O nome de Cristo é, de longe, o mais comum nos livros 7, 8 e 9 que no restante das *Confissões*. Esses são os livros em que Agostinho está gradualmente orientando-se em direção à verdadeira, completa e trinitária fé cristã.

O Livro 8 começa em estase e termina em paz. São dois estados diferentes do ser, por mais que possam parecer similares. Nesse ínterim, surge um furor de conflitos consigo mesmo, uma explosão de lágrimas e o famoso episódio, ocorrido num jardim de Milão, quando Agostinho foi instado por uma voz desconhecida: "toma [a Bíblia] e lê". Agostinho nos prepara para o ponto de viragem, relatando aos seus leitores duas histórias de conversões públicas e jubilosas. Uma de Vitorino, outra de dois oficiais da Corte em Trier, sugerida pela leitura de um texto emblemático de conversão e introversão monástica, *A vida de Antão*. Ambas as histórias foram contadas, na narrativa, por outra pessoa (Simpliciano e Ponticiano, respectivamente). Nós também podemos imaginar que ele esteja nos mostrando a dinâmica de inspiração de uma história de conversão, além de nos preparar para a sua declaração pública de adesão ao cristianismo. Seria também significativo que Vitorino tenha a alcunha *Afer, o africano*, e Ponticiano seja descrito como "um africano" e "nosso compatriota"? Será que Agostinho está virando seu rosto em direção à sua pátria? Em qualquer caso, as conversões modelares não levam tão simplesmente à própria conversão de Agostinho. O episódio da dolorosa luta no jardim, na presença do devoto Alípio, começa a partir do paradoxo da fraqueza da vontade: "a alma dá uma ordem a si mesma, e resiste!" (8.9.21). Já a atração pelo sexo, que ele havia decidido renegar, ainda o assombra: "retinham-me preso bagatelas de bagatelas, vaidades de vaidades [...], que me sacudiam o vestido carnal [...]" (8.11.26). Por fim, Agostinho é confrontado, em seu dramático diálogo interno, com a figura da continência, que o desafia a segui-la. Quando ele toma a Bíblia, ele lê a seguinte passagem de orientação com vistas à transformação:

> Comportemo-nos honestamente, como de dia, não vivendo em orgias e bebedeiras, em concubinato e libertinagem, em brigas e ciúmes. Ao contrário, revesti-vos do Senhor Jesus Cristo e não vos preocupeis em satisfazer os apetites da carne (Rm 13,13-14).

O prazer da comida, do sexo, das competições retóricas nas escolas em que Agostinho havia se distinguido, tudo isso deveria ser desprezado ao seguir a Cristo. Aqui, isso é apresentado como um gesto, e não como um processo. Porém, se a conversão fosse realmente uma questão de seguir a Cristo com a simplicidade e a integralidade de se embrulhar em um novo manto, as *Confissões* poderiam ter parado neste ponto. No entanto, nós e Agostinho estamos apenas na metade do caminho.

Alípio, com sua compostura típica, segue a liderança de Agostinho. A primeira pessoa a quem a conversão é revelada é Mônica. "Vamos ter em seguida com minha mãe, e declaramos-lhe o sucedido. Ela rejubila" (8.12.30).

46

A calma e a tranquilidade não vão durar muito. O Livro 9 é, como já escrevi alhures, "barulhento, agitado e repleto de mortes". Mas ele também contém em sua parte principal uma notável sequência de episódios em que o barulho e a morte desaparecem, deixando Agostinho e sua mãe na contemplação silenciosa e embevecida da eternidade. (Trata-se de chamada visão, ou ascensão, em Óstia, que nós discutiremos no excerto 3.) Mas é paradoxal que o livro que contém algo tão sublime seja, por outro lado, o mais bagunçado e detalhado. Os eventos variam de tom.

Agostinho libera-se de seus deveres profissionais como professor em Milão e retira-se, com um grupo de amigos, para uma casa de campo emprestada por outro amigo, Verecundo. (O primeiro escrito seu que chegou a nós, conhecido como *Diálogos de Cassicíaco*, menciona o nome da casa de campo e identificam a época.) A morte de Verecundo e de um amigo de infância na África, Nebrídio, sobrevêm de repente, fora da sequência cronológica da narrativa. Agostinho realizava uma pausa para proceder a uma leitura inflamada do Sl 4, em que agora ele está encontrando a sua voz, com o desejo, bastante humano e firmemente declarado, de que os maniqueístas o entrerouçam. Agostinho, Alípio e o filho de Agostinho, Adeodato, apresentam-se para o Batismo, feito por Ambrósio, em Milão, na Páscoa. Mas a menção ao Batismo é tão rápida, que é fácil passar despercebida. Ela é ofuscada por uma terceira morte, novamente narrada fora da sequência cronológica, já que aconteceu depois, na África. Trata-se da morte de Adeodato, "a quem tínheis dotado de grandes qualidades", conforme diz o pai discretamente (9.6.14).

Então, logo quando o grupo está pronto para retornar para a África, já no porto romano de Óstia, a mãe de Agostinho morre. Agostinho faz uma interrupção para lhe dar uma homenagem estranhamente mundana, mencionado sua amamentação quando criança e seu conselho quanto a viúvas amedrontadas, o que serve apenas para contrabalancear a experiência sublime que ele está prestes a relatar. Ele compartilhou tal experiência com sua mãe em Óstia, pouco antes de sua morte. Apenas então Agostinho narra seu imenso luto, despertado por um hino de Ambrósio. Por fim, ele dedica a ela e ao seu pai as preces de todos aqueles que lerem as *Confissões*.

Passada a turbulência do Livro 9, Agostinho interrompe a narrativa para reconsiderar seu projeto e seu objetivo. É aqui que ele reflete, na passagem discutida anteriormente, a respeito da técnica da confissão e do seu relacionamento com o público. Após ter dedicado a Mônica o memorial público de orações, Agostinho passa a uma longa discussão a respeito da memória.

De fato, o Livro 10 é, em muitos sentidos, um ensaio a respeito do método. É, de longe, o livro mais longo das *Confissões*. A memória é crucial para relatar a história de uma vida, e, em suas discussões a respeito do funcionamento da memória, Agostinho implicitamente mostra como a vida pode ser rearranjada durante o relato. (Ele comenta até mesmo o problema de como é possível que nós nos lembremos do fato de ter esquecido alguma coisa, inclusive quando não conseguimos nos recordar do que se trata.) Mas ele também utiliza a memória para situar a humanidade na criação. Ele começa tratando dos sentidos corpóreos como um canal entre o mundo e a alma, e como uma das principais fontes de impressões retidas na memória. A outra fonte fundamental é a das impressões produzidas exclusivamente pelo pensamento. Como é possível, pergunta Agostinho, que nós possamos querer "uma vida feliz" como se pudéssemos nos lembrar do que é isso? Nesse ponto, Deus parece estar em nossa memória, mas como? "Tarde vos amei", escreve ele (10.27.38). Mas amar a Deus é, ainda assim, uma batalha. Ele volta para os sentidos; mas, desta vez, enxerga-os como fontes de tentação, isto é, dos prazeres vazios do sexo, da comida, dos perfumes, da música e da beleza, por meio do toque, do paladar, do olfato, da audição e da visão. Agostinho é absolutamente franco: ele ainda sonha com desejos (10.30.41). Mas há tentações ainda piores: a concupiscência da alma, e não a da carne. É o caso da curiosidade, que se disfarça de zelo pelo conhecimento e pelo aprendizado, como a tentação de pedir um sinal da existência de Deus, como as armadilhas do orgulho e como o desejo de louvor. (Agostinho nota com certa adstringência que "o homem muitas vezes gloria-se vãmente no desprezo da vanglória" (10.39.64).) Ao final desse livro de longas reflexões a respeito do ser humano situado no mundo, considerando alguém que esteja buscando entender o que poderia ser rememorar a Deus, e buscando converter-se em direção a Deus enquanto faz uso dos prazeres do mundo para a glória de Deus, e não para a autoindulgência, é apropriado que Agostinho tome Cristo como mediador. Justamente Cristo, que foi, Ele próprio, alguém que esteve no mundo de forma plenamente humana enquanto era, ao mesmo tempo, totalmente divino. Ele encerra o livro com uma imagem da Eucaristia:

> O vosso Filho único, em que estão escondidos os tesouros da sabedoria e da ciência, remiu-me com o seu sangue. Não me caluniem os soberbos, porque eu conheço bem o preço da minha redenção. Como o Corpo e bebo o Sangue desta Vítima. Distribuo pelos outros (10.43.70).

Após o ensaio sobre o método feito no Livro 10, o Livro 11 anuncia uma explícita retomada de objetivo. Agostinho, segundo ele alega, está falando com Deus tão longamente "para elevar minha amável devoção à sua direção, e à direção de meus leitores, de forma que, juntos, possamos declarar que grande é o Senhor, e absolutamente digno de louvor" – trecho que ecoa as primeiras palavras das *Confissões*. Agora ele se volta ao processo de criação. Mas, antes, ele lida com o problema do tempo. Céu e terra foram feitos pelo Verbo de Deus. Mas esse Verbo, diferentemente do nosso, não foi pronunciado no tempo. Deus existe num tempo que é o da eternidade. (Os maniqueístas, posto não sejam explicitamente mencionados, são fortemente atacados neste livro. A origem da sua divergência com o cristianismo ortodoxo está na sua versão do momento da criação.) A pergunta "O que fez Deus antes da criação?" não faz nenhum sentido, pois não há nenhum *antes* sem tempo, que, por sua vez, foi criado conjuntamente com o restante da criação. Agostinho debate-se em como exprimir a noção do tempo, refletindo a respeito da distinção entre o conhecimento instintivo e o refletido de alguma coisa, e chegando a um conceito de tempo que, na tradução de Boulding, é a "distensão [...] da própria alma" (11.26.33). Ele ilustra o que quer dizer por meio de uma imagem de récita de cor de um hino, registrando as sílabas longas e breves mesmo que só se possa pronunciar uma sílaba por vez; mantém-se tudo na memória, ainda que apenas uma pequena parte possa ser ouvida a cada momento. O hino é, aliás, o mesmo que despertou suas lágrimas após a morte de sua mãe.

Se o Livro 11 inspirou-se nas palavras de abertura do Livro 1, o começo do Livro XII fará referência ao final das *Confissões*. Aqui, "as palavras da Sagrada Escritura bateram à porta do meu coração, ó Senhor". Ao final do Livro 13, seremos "nós" que bateremos à porta de Deus. As palavras da Sagrada Escritura – especificamente, o relato da criação no começo do Gênesis – e uma interpretação extremamente cativante delas ocupam as páginas intermediárias. Elas acompanharão Agostinho e a nós, leitores, às portas do céu. O Livro 12 gasta bastante tempo discutindo a natureza da matéria "primeira" ou "informe", que Deus criou em primeiro lugar e que precedeu as particularidades do restante da criação: "massa informe sem figura" (12.3.3). (Novamente, como veremos, esse é um importante conceito a ser desenvolvido, contrário às crenças maniqueístas.) O tempo depende da ordem, de forma que essa massa disforme, desprovida de ordem, está fora do tempo até ser organizada em entes individuais, sujeitos ao tempo. Esta é a *terra* na frase "No início, Deus criou o céu e a terra". O *céu* naquela frase é o "céu do céu", uma criação intelectual, que gera bem-aventurança "em contemplação a Vós" e é também fora do tempo (12.9.9; 12.13.16). Trata-se de um céu distinto daquele que Deus criou no segundo dia.

O Livro 12 cobre apenas Gn 1,1-2. Nós compreendemos quando, ao final, Agostinho diz: "vede, Senhor [...] quantas e quantas coisas escrevi sobre tão poucos versículos" (12.32.43). Ele diz que, no futuro, "permiti-me que seja mais breve ao vos enaltecer neles e que, entre as muitas interpretações que me ocorrem, e acerca das quais muitas outras poderão ocorrer-me, eu escolha uma única, que seja a verdadeira, boa e inspirada por Vós. Deste modo serei fiel em confessar-vos". A exposição lenta se deve ao fato de Agostinho ter se delongado muito no Livro 12 revelando a possibilidade das múltiplas interpretações da Escritura. Em um ponto, ele argumenta muito tenazmente com interpretações opostas (12.14.17–12.17.26), mas insiste em que a Escritura contém verdades perceptíveis que excedem a intenção do autor e que funcionam como cenário de um refletido desacordo baseado na busca da verdade. A insistência cega na sua própria interpretação, porém, mesmo que esteja correta, "não é concebida pela ciência, mas pela audácia" (12.25.34). Ele faz uma declaração notável, ao dizer que "se eu fosse Moisés à época" (Agostinho cria que Moisés fosse o autor do Gênesis), teria querido escrever para diversos níveis de compreensão e, ademais, "quereria eu [...] receber de Vós uma tal arte de expressão e uma tal modalidade de estilo que [...] se, à luz da verdade, a outro se representasse diferente opinião, eu desejaria que a pudesse também aí encontrar" (12.26.36).

Agostinho mantém sua promessa de ser mais sucinto no último livro, o Livro 13, o que se torna quase um defeito: há alguns trechos de interpretação extremamente densos. Buscando explicar "apenas um sentido", ele escolhe fazer uso, sobretudo, de uma interpretação alegórica da história da criação, para a qual, apesar da sua insistência na multiplicidade de sentidos afirmada no livro anterior, seus leitores não foram bem preparados. Ele, porém, resume sua interpretação ao final do livro (13.33.48; 13.34.39). Nós analisaremos mais aprofundadamente um dos seus momentos mais extravagantes no excerto 2. O livro principia olhando para trás, fazendo referência à grande prece introspectiva do começo das *Confissões*. "É a Vós que eu chamo, ó Senhor [...] Para a minha alma eu vos chamo". Evidentemente, Agostinho já reconheceu Deus no interior da sua alma. Sua própria existência é totalmente dependente de Deus. Isso nos prepara para um dos grandes temas do livro, a experiência vivida da trindade – o ser, o saber e o querer, que podem ser percebidos pelo ser individual. E, por mais que o pano de fundo do livro seja a história da criação, em primeiro plano está a própria relação do ser humano com Deus (a linguagem sem marcação de gênero é do próprio Agostinho, cf. 13.23.33). Assim, as estrelas que Deus criou no firmamento no quarto dia representam "o maduro em Cristo". No quinto dia, o mar é a raça humana, e as criaturas marítimas são os grandes fei-

52

tos e os sacramentos; os pássaros são "as vozes dos vossos mensageiros". Agostinho se demora na criação, no sexto dia, do homem à imagem de Deus – diferentemente dos animais, que foram criados "segundo a sua espécie". "O homem, renovado pelo espírito [...] compreende a vossa vontade e aquilo que é bom, agradável e perfeito" (13.22.32).

Ao final de sua grande obra criativa, Agostinho se encaminha para um estado de descanso, com uma prece com que nós podemos obter a paz do repouso do Sabá. Mas está claro que a prece é para o nosso estado após a morte. Nesta vida, é nossa obrigação continuar com o trabalho da conversão e da confissão, tentando alinhar-nos – nosso ser, nosso saber e nosso querer – ao ser de Deus. Está é, em última instância, nossa tarefa pessoal: aprender mais do Deus que há em nós. A obra é concluída no tempo futuro:

> Quem dos homens poderá dar a outro homem a inteligência deste mistério? Que anjo a outro anjo? Que anjo ao homem? A Vós se peça, em Vós se procure, à vossa porta se bata. Deste modo sim, deste modo, se há de receber, se há de encontrar e se há de abrir a porta do mistério (13.38.53).

Leitura de aprofundamento

Um ensaio útil de Paffenroth e Kennedy (2003) expõe ao leitor livro por livro das *Confissões*. Mann (2006) também é mais ou menos sequencial, e com um enfoque filosófico. Clark (2005) dá um panorama de historiador. Miles (1992) lê as *Confissões* com base na busca da satisfação.

5 A estrutura das *Confissões*

A partir do nosso resumo, ficará aparente que as *Confissões* usam, a partir do final do Livro 9, um tom mais expansivo e filosófico. A narrativa não contém mais detalhes biográficos. Na verdade, Agostinho reprova explicitamente aqueles que leem a obra em busca deles. A primeira preocupação de Agostinho segue sendo a relação triangular entre ele próprio, seus leitores e Deus, ainda que ele a compreenda de maneiras diversas.

Provavelmente em razão da persistente tentativa de ler a obra como biografia em vez de reconhecer uma natureza muito mais complexa e teológica das *Confissões*, houve uma opinião persistente, segundo a qual os três últimos livros das *Confissões*, ou até mesmo os quatro últimos livros, são uma consideração *a posteriori*, não estando unidos com o restante da obra e tendo sido compostos de modo muito diferente. Essa posição ganhou força com o apoio de um dos maiores especialistas modernos das *Confissões*, Pierre Courcelle, que esposou a tese de que a extensão do Livro 10 se devia a uma interposição tardia, que se seguia ao fim "vertiginoso" (1968, p. 24) do Livro 9. O projeto inicial, segundo ele, seria o de seguir diretamente a partir da narrativa cronológica que culmina na cena em Óstia e na morte de Mônica para a recapitulação dos assuntos e para a reflexão sobre o presente no início do Livro 11. Em geral, os especialistas sempre sentiram que era preciso defender a unidade das *Confissões*, até mesmo em razão de a maior parte dos leitores considerar difícil a leitura das partes mais densas filosoficamente.

Decerto, treze é o número de livros mais incomum para uma obra da Antiguidade, já que elas tendiam a favorecer os múltiplos de dez, doze e, de qualquer forma, números pares (com a patente exceção das *Enéadas* de Plotino, organizadas em nove livros). Mas, nas *Revisões*, não há nenhuma pista de que Agostinho tenha planejado escrever a obra de outra forma. Nós sabemos que ele levou em consideração essa questão no âmbito das *Revisões* a partir da entrada relativa à sua obra *Da doutrina cristã*, em que ele nos conta que interrompeu a escrita no meio do terceiro livro e só retomou o trabalho algumas décadas depois. No entanto, essa interrupção é imperceptível na versão final do texto. A respeito das *Confissões*, diz ele que "nos primeiros dez livros, escrevi a respeito de mim mesmo; os últimos três são a respeito da Sagrada Escritura, especialmente das palavras: 'No início, Deus criou o céu e a terra' até o descanso do Sabá". Em outras obras, escritas ou pregadas, Agostinho atribui grande importância ao simbolismo numérico, sendo que ele poderia ter relacionado os dez primeiros livros com os Dez Mandamentos – isto é, com a relação de Deus com a humanidade – e os três últimos com a Trindade – isto é, com a relação entre as três pessoas que, juntas, são um único Deus. Mas, tanto quanto eu sei, ele não fez nada disso. Não há nenhuma sugestão de que as *Confissões* não devam ser lidas como um todo unitário.

A questão, então, torna-se a seguinte: que tipo de estrutura podemos perceber além da clara divisão – que, conforme vimos no resumo dos livros, não pode ser sustentada consistentemente – entre o ser e a Escritura? Gillian Clark avançou a instigante observação de que a parábola do filho pródigo (Lc 15,11-32) "é essencial para a autocompreensão de A[gostinho] e para o imaginário das C[onfissões]" (1995, p. 114). Nós já vimos alguns dos modos com que o tema do retorno é essencial para a ideia da conversão. A história do filho que abandona a casa do pai, dissipa sua herança e, por fim, em desespero, volta e recebe boas-vindas amorosas que ele sabe não merecer... Quão ricamente isso prefigura a relação de Agostinho com Deus. Não é de impressionar quantas vezes Agostinho brinca, repetida e vivamente, com os conceitos de viragem e retorno.

Isso fornece uma imagem geral das *Confissões*. Com vistas a um relato mais detalhado de uma estrutura possível, podemos fazer uso de James O'Donnell. Ele vê uma organização em grupos de três: o três do Deus triúno e um trio complementar de pecados. O Deus triúno é composto do Pai, que existe; do Filho, que sabe; e do Espírito, que ama (ou que quer, conforme já nos referimos à trindade do ser, saber e querer no Livro 13). O ser humano é feito à imagem de Deus à medida que ele ou ela combine as propriedades do ser, saber e amar. Cada um dos três pecados é uma perversão de um desses três estados: as tentações da carne são uma perversão do amor; as tentações dos olhos – a "curiosidade" – são uma tentação do saber; e as tentações da ambição pervertem o próprio ser. (Uma afirmação clara desse trio de pecados pode ser vista em 4.15.25.) Esse trio é tirado a 1Jo 2,16, que Agostinho usa no Livro 10 para falar a respeito das grandes tentações que seguem existindo após se ter dominado a dos sentidos: "pois tudo o que há no mundo – os maus desejos da carne, a cobiça dos olhos e o orgulho da riqueza – não vem do Pai, mas do mundo". Em vez de usar as noções de partida e retorno, O'Donnell explica o movimento das *Confissões* como queda e ascensão: queda por meio das tentações da carne, da curiosidade e da ambição nos livros 2, 3 e 4, respectivamente; depois, ascensão por meio do repúdio das tentações na ordem reversa (menos marcada nos livros), até que o sexo – a tentação da carne – é finalmente abnegado no Livro 8. O'Donnell resume da seguinte forma: "Agostinho caiu por ter perdido o controle da imagem de Deus e de si mesmo: primeiro o Espírito, segundo o Filho/Verbo e terceiro o Pai. Ele ascendeu por ter recuperado aquela imagem na ordem reversa: Pai, Filho e, por fim, Espírito" (2005, p. 70). Os três últimos livros das *Confissões*, segundo essa leitura, também representam o Deus triúno: o Livro 11, que está às voltas com o tema do tempo, lida com a eternidade e, por conseguinte, com a divindade (o Pai). O Livro 12, explorando as diferentes interpretações das Escrituras, mostra como é possível partir das palavras do texto e chegar ao Verbo divino (o Filho) que está por detrás delas. No Livro 13, as alegorias do Gênesis falam a respeito da Igreja no mundo e, assim, mostram a presença do Espírito.

Eu, pessoalmente, vejo a estrutura das *Confissões* como um sofisticado exercício de mimese emocional. Agostinho procura, por meio da linguagem, do conteúdo e do modo como ele dá ritmo à narrativa, replicar, no leitor, suas próprias emoções, seu estado emocional, em um determinado momento de seu progresso. Nós adentramos os eventos em meio a louvor e questionamentos, conforme veremos no excerto 1. Então, segue-se um período de inquietação, questionamento, agitação e constante mudança, que é o restante do Livro 1 até o Livro 4: episódios curtos, com constantes mudanças de cenário. No Livro 5, em que há o encontro com o maniqueísta Fausto e o bispo cristão Ambrósio, sua insatisfação toma forma mais delineada, e nós entrevemos a possibilidade de uma satisfação intelectual e, quiçá, mais remotamente, espiritual. Ao final do Livro 5, Agostinho sabe o que tem de fazer. Mas ele submete o leitor a dois livros e meio (6, 7 e parte do 8) de dolorosa estase enquanto tenta se livrar da "doença da concupiscência" (8.7.18) antes da exaltação no jardim em Milão. O Livro 9 é novamente agitado e intenso. Nessa leitura, aquilo que Courcelle considerou "estonteante" é uma reflexão fiel de um período fortemente emotivo da vida de Agostinho. O Livro 10 é uma pausa oportuna de reequilíbrio, que, enquanto sopesa a memória e a tentação, convida explicitamente o leitor a proceder a um autoexame. Os livros 11, 12 e 13 levam o leitor de volta às dificuldades de Agostinho em alinhar sua própria vontade à de Deus. Mas, nesse ponto, o impacto emocional é qualitativamente diferente: nós nos debatemos sabendo o objetivo, e sabendo também que Deus, mesmo na sua incognoscibilidade, está conosco. Nesses livros, Agostinho demonstra que nem a conversão nem o Batismo são um fim, mas o começo de um compromisso vitalício, de natureza emocional, intelectual e espiritual. Por isso é que o tom de tranquilidade, com que as *Confissões* findam, miram claramente o futuro.

Essas três tentativas de compreensão da estrutura das *Confissões* não são mutuamente excludentes, nem impedem a possibilidade de que novos leitores desenvolvam suas próprias compreensões. Não podemos fazer nada melhor do que ecoar as palavras de Agostinho a respeito da interpretação da Escritura:

> Assim, quando alguém disser: "Moisés entendeu isto como eu"; e outrem replicar: "Pelo contrário, pensou como eu"; julgo que, com mais piedade, se diria: "Por que não quis ele antes expressar uma e outra coisa, se ambas são verdadeiras?" [...] Se eu, elevado ao cume da autoridade, escrevesse alguma coisa, preferiria fazê-lo de tal modo que as minhas palavras proclamassem tudo aquilo que alguém pudesse conceber de verdadeiro acerca dessas coisas (12.31.42).

A única coisa que me parece clara é que as *Confissões* devem ser compreendidas como um todo. A preocupação temática dos primeiros livros é ecoada e amplificada nos posteriores. Eu tentei traçar algumas das correspondências de forma clara já no meu resumo acima. O Livro 10 não deve ser considerado uma longa interpolação. Os livros 11 e 13 não devem ser vistos como uma ponderação *a posteriori* ou como um trecho funcionalmente distinto dos livros anteriores. Ao mesmo tempo, eu sei que nem todos têm tempo ou a disposição para ler cada livro das *Confissões*. Por isso, este guia é composto de modo a introduzir o leitor ao todo por meio da discussão de partes determinadas. Eu organizei minha exposição de forma temática e, por isso, busquei mostrar como as preocupações de Agostinho se interpenetram ao longo da obra.

Eu dividi este guia em três partes. Os temas principais são a linguagem, a criação e o mundo sensível e, por fim, o tempo, a memória e o ser. Cada uma dessas partes do guia é pensada para iniciar pela figura de Agostinho à época da composição e ir se expandindo pelos problemas e questionamentos que ele desperta até culminar em uma investigação da relação com Deus.

Nisso, o livro imita o movimento afetivo que o próprio Agostinho promove e representa nas *Confissões*: começar por autoexames, proceder ao exame do ser no mundo e, finalmente, examinar o ser e o mundo em relação a Deus. Para sublinhar a importância da linguagem na leitura das *Confissões*, cada parte é encerrada com a discussão detalhada de um excerto específico, citado tanto na tradução como em latim. Vamos agora para o primeiro desses excertos.

Leitura de aprofundamento

A referência ao "estonteante" está em Courcelle (1968). Por mais que esteja em francês, trata-se de obra demasiadamente importante para ser omitida das leituras de aprofundamento. A introdução a Clark (1996) é útil até mesmo para os que desconhecem o latim. Fredriksen (2012) segue a rota de O'Donnell (2005), já mencionada, para mostrar a unidade teológica das *Confissões*. Conybeare (2012a) elabora a noção de mimese afetiva. Kotzé (2006) argumenta que a questão da unidade é anacrônica.

Excerto 1

Da oração inicial das *Confissões* (1.2.2)

A linguagem, tanto pela sua capacidade como pela sua incapacidade, é absolutamente importante para Agostinho. A necessidade de expressar nossos pensamentos por meio da linguagem, em vez de falar diretamente ao coração dos outros, é uma consequência da queda da humanidade. Quando fomos expulsos do Éden, nós nos tornamos separados um do outro. Ao mesmo tempo, a linguagem nos é dada como forma de nos unir novamente: trata-se daquilo que podemos fazer de melhor para nos comunicar nesta vida.

Não é apenas na qualidade de meio, ainda que imperfeito, de exprimir o pensamento que a linguagem é importante para Agostinho. A sonoridade da linguagem também o é. Agostinho escreveu as *Confissões* em sua língua materna, o latim. Mas o seu estilo de latim nas *Confissões* é diferente do seu estilo em outras obras, distinto até mesmo se comparado com as obras de outros autores. (Veremos, no cap. II, algumas das razões pelas quais ele escolheu escrever assim.) Sua linguagem é extremamente próxima do latim bíblico e, sobretudo, da linguagem dos salmos. Nem por isso, alguém pensaria, ao abrir uma página das *Confissões*, ainda que em tradução, que estivesse lendo um trecho dos salmos. Agostinho parece querer espelhar seu estado emocional agitado, questionador, preso em uma complexa rede de explicações e refutações, usando, para isso, um estranho arranjo das palavras latinas e, sobretudo, um latim de sonoridade por vezes doce, mas frequentemente estranha.

Com vistas a familiarizar o leitor com o uso da linguagem de Agostinho, quero realizar uma interrupção no curso deste livro para discutir um excerto específico, que será apresentado tanto em latim como na tradução. Eu escolhi formatá-los de forma que o leitor poderá ver a correspondência de cada sintagma individualmente. Este primeiro excerto é o segundo parágrafo da prece de aberturas. Ele nos dá uma excelente amostra do estilo premente e agudo de Agostinho.

Justamente por a sonoridade da linguagem ser tão importante para Agostinho, eu incito o leitor, ainda que desconheça o latim, a tentar ler a passagem em voz alta. Eu marquei a sílaba em que recai a tônica em cada palavra que tenha mais de uma sílaba. Não há sílabas mudas em latim (de forma que *itane* é composta de três sílabas: *í-ta-ne*, assim como *dó-mi-ne*). O *c* é sempre oclusivo, pronunciado como se fosse um *k*. As vogais tendem a ser pronunciadas separadamente (de forma que *deus* é *de-us*, e não um ditongo). As exceções aqui são o *ae*, pronunciado como *ai*, e a palavra *iam*, pronunciada como *yam*.

Et quómodo invocábo déum méum, déum et dóminum méum, quóniam útique in me ípsum éum vocábo, cum invocábo éum?	E como invocarei o meu Deus – meu Deus e meu Senhor –, se ao invocá-lo, o invoco sem dúvida dentro de mim?
Et quis lócus est in me quo véniat in me déus méus, quo déus véniat in me, déus, qui fécit cáelum et térram?	E que lugar há em mim, para onde venha o meu Deus, para onde possa descer o Deus que fez o céu e a terra?
Ítane, dómine déus méus, est	Pois será possível – Senhor meu Deus –

quícquam in me quod cápiat te?

An véro cáelum et térra, quae
fecísti et in quíbus me fecísti,

cápiunt te?

An quía síne te non ésset quídquid

est, fit ut quídquid est cápiat te?

Quóniam ítaque et égo sum,

quid péto ut vénias in me, qui

non éssem nísi ésses in me?

Non enim égo iam ínferi, et
támen étiam íbi es, nam étsi
descéndero in inférnum, ádes.

Non érgo éssem, déus méus,

non omníno éssem, nísi ésses in

me.

An pótius non éssem nísi éssem

in te,

ex quo ómnia, per quem ómnia,

que se oculte em mim alguma coisa
que vos possa conter?

É verdade que o céu e a terra que

criastes e no meio dos quais me
criastes

vos encerram?

Será, talvez, pelo fato de nada do
que existe poder existir sem Vós,

que todas as coisas vos contêm?

E assim, se existo,

que motivo pode haver para vos pedir que venhais a mim,

já que não existiria se em mim não
habitásseis?

Não estou no inferno e,

contudo, também Vós lá estais, pois

"se descer ao inferno, aí estais
presente".

Por conseguinte, não existiria, meu
Deus,

de modo nenhum existiria, se não
estivésseis em

mim.

Ou antes, existiria eu se não
estivesse

em Vós

"de quem, por quem

62

in quo ómnia?	e em quem todas as coisas subsistem"?
Étiam sic, dómine, étiam sic.	Assim é, Senhor, assim é.
Quo te ínvoco, cum in te sim?	Para onde vos hei de chamar, se existo em Vós?
Aut únde vénias in me?	Ou donde podereis vir até mim?
Quo énim recédam éxtra cáelum	Para que lugar, fora do céu
et térram, ut índe in me véniat	e da terra, me retirarei a fim de que venha depois a mim o meu Deus que disse: "Encho
déus méus, qui díxit, "cáelum et	o céu e a terra"?
térram égo ímpleo"?	E como invocarei o meu Deus

As *Confissões* iniciam com um louvor, mas logo resvalam em um bombardeamento de questões. Quem Agostinho está tentando louvar? Onde está ele? Como Agostinho pode louvar alguém se ele não sabe quem é essa pessoa? Como pode Agostinho sequer lhe dirigir súplicas?

É aí que nosso excerto começa. Há um problema fundamental aqui: Agostinho não sabe como ou onde deve invocar Deus. A prece brinca com a ambiguidade do verbo latino *invoco*, que significa tanto "eu invoco" como "eu chamo". Ele força ainda mais o sentido: o que pode significar invocar ou chamar a Deus quando o próprio Agostinho já está, de alguma forma, em Deus? Não há lugar algum – céu, terra ou inferno – em que Deus não esteja presente, ou em que Agostinho não esteja em Deus. A curiosa passagem a respeito do inferno ("Ainda não estou no inferno [...] mas mesmo que estivesse, Vós estaríeis lá comigo") lembra um salmo:

"se eu escalar o céu, aí estás; se me deitar nas profundezas [Xeol, inferno], também aí estás" (Sl 139,8). A citação no final do excerto é tirada a Jr 23,24, que diz: "pode alguém esconder-se em lugares secretos sem que eu o veja? [...] Não sou eu que encho o céu e a terra?" O paradoxo de realizar confissões é lançado: como Agostinho escreve no início do Livro 10, "[...] que haveria em mim oculto, ainda que vo-lo não quisesse confessar? Poder-vos-ia ocultar-me a mim mesmo, mas não poderia esconder-me de Vós" (10.2.2). O sentido da confissão é a vontade de confessar; Deus já sabe de tudo de qualquer forma. Nós não podemos esconder nada de Deus.

Nos primeiros parágrafos da obra, a poderosa trindade do ser, saber e querer já está em atuação. A existência de Agostinho é totalmente dependente de Deus: "eu não existiria, eu não existiria de forma nenhuma se Vós não estivésseis em mim". Ele está se esforçando para conhecer Deus. Ele não está procurando conhecimento ou reconhecendo a absoluta dependência de sua existência se ele não tivesse tido o desejo de conhecer e o de confessar.

Lendo a passagem em voz alta, nós podemos ouvir o modo com que as questões vão surgindo, cada uma modificando, corrigindo ou desdobrando a anterior. Apenas uma única vez elas se encaminham para uma pausa, com a repetição enfática de *Étiam sic, dómine, étiam sic* ("Assim é, Senhor, assim é"), que responde à descrição de Deus "de que provieram, por meio do qual existem e em que estão todas as coisas". A sonoridade da frase não é graciosa: ela enfileira e justapõe, terminando bruscamente com um advérbio (*sic*). Ela ressalta um raro momento de certeza. De fato, tudo existe a partir de Deus e proveio dele.

Nós também podemos ouvir o insistente padrão de repetição. As palavras são reempregadas de forma idêntica ou extremamente semelhante: veja-se o jogo entre *éssem* e *ésses*, por exemplo. O latim é uma língua que favorece os polissílabos, mas aqui a maior parte das palavras é formada por dissílabos ou monossílabos. O efeito é o soar de uma rima ou de um canto infantil. Não surpreende que depois, nas *Confissões*, no momento central da amarga incerteza e fraqueza do desejo, ocorrida no jardim em Milão, Agostinho nos conte uma história como esta:

> Eis que, de súbito, ouço uma voz vinda da casa próxima. Não sei se era de menino, se de menina. Cantava e repetia frequentes vezes: "Toma e lê; toma e lê". Imediatamente, mudando de semblante, comecei com máxima atenção a considerar se as crianças tinham ou não o costume de cantarolar essa canção em alguns dos jogos. Vendo que em parte nenhuma a tinha ouvido [...] (8.12.29).

"Toma e lê; toma e lê". É muito mais fácil ouvir a sonoridade em latim: *tólle lége, tólle lége*. Na prece de abertura das *Confissões*, Agostinho parece estar buscando esse efeito, que lembra uma conversa ou a simplicidade de um jogo de criança. Ao mesmo tempo, as repetições mais complexas, como "de quem, por quem e em quem todas as coisas subsistem", remetem à liturgia. Infância e Igreja ressoam uma contra a outra para transmitir a simples complexidade do projeto de Agostinho. Essa ressonância está novamente presente no prazer reconfortante de Agostinho após ter obedecido à ordem *tólle lége, tólle lége*: "entretinha-me em conversa convosco, minha Claridade, minha Riqueza, minha Salvação, Senhor, meu Deus" (9.1.1).

O latim não apenas favorece polissílabos, como também tende a evitar monossílabos no final de uma frase. Na prosa latina clássica, a última palavra da frase ocupa a posição mais importante, granjeando maior ênfase. Por isso, é usualmente um verbo. Mas

65

aqui Agostinho, que era perfeitamente capaz de escrever prosa que estivesse de acordo com as convenções clássicas, violou essa regra diversas vezes: te... te... te... me (*te... te... te... me*). Não se trata nem de um verbo, nem mesmo de um substantivo na posição final da frase: trata-se apenas de um pronome monossílabo. A estranheza é digna de uma criança. Ao mesmo tempo, nós não podemos duvidar de que as pessoas mais importantes nesse diálogo são Deus e Agostinho.

II

Linguagem

1 As *Confissões* como uma conversa com Deus

Confissões é uma obra que constantemente mistura a primeira e a segunda pessoa. Suas primeiras palavras são: "grande sois Vós, ó Senhor, e imensamente digno de louvor". Aí, nós já estamos no meio do diálogo. Eu, Agostinho, estou chamando a Vós, Senhor. Aqui, mais uma vez, eu, Agostinho, falo como parte de um *nós*, de todos os humanos: "nós humanos, que somos uma parte da vossa criação, ansiamos por vos louvar; nós, que carregamos nossa mortalidade conosco". Há algumas passagens em que o *eu* faz deferência à sua presença, ou em que o *Vós* não é a medida, o árbitro, o contínuo ponto de referência. O efeito é intenso e lembra fortemente uma conversa. A conversa, porém, não é unilateral: Deus é imaginado de forma tão vívida, que Ele está constantemente presente no texto. Além disso, Ele está presente nas palavras das Escrituras. Um dos eixos de exposição das *Confissões* é o de Agostinho aprendendo a ouvir Deus nas Escrituras.

Nós já lemos um trecho da abrangente prece a Deus, que abre a obra, no excerto 1. Agostinho exagera nos superlativos e paradoxos para tentar fazer jus à plenitude de Deus. Depois, desiste envergonhado: "que dizemos nós, meu Deus, minha vida, minha santa delícia, ou que diz alguém quando fala de Vós?" (1.4.4). Ainda assim, ele propõe duas respostas possíveis de Deus: "pelas vossas misericórdias, dizei, Senhor meu, o que sois para comigo? Dizei à minha alma: 'Sou a tua salvação'. Falai assim para que eu ouça" (1.5.5). Agostinho pode "ouvir" a providência divina no curso de sua vida diária, e ainda pode ouvir as palavras da Escritura.

Quase todos os livros das *Confissões* começam com uma prece do *eu* para o *Vós*, de Agostinho para Deus. As preces, em si mesmas, servem de forma magnífica para articular e demarcar a obra. Mas, após a grande prece introdutória, não há preces iniciando os livros 2, 3 e 4, isto é, aqueles em que Agostinho se afasta de Deus. Cada um desses três livros nos coloca no meio da ação, da mesma forma como Agostinho estava deambulando, distraído e inquieto. "Quero recordar as minhas torpezas passadas" (2.1.1); "vim para Cartago. De todos os lados fervia a sertã (*sartago*) de criminosos amores" (3.1.1); "durante esse período de nove anos [...], era seduzido e seduzia, era enganado e enganava [...]" (4.1.1). A ausência de uma prece a Deus, de uma pausa para louvá-lo e refletir, no início de cada um desses livros, indica sobretudo a confusão de Agostinho, sua desorientação, sua dificuldade para encontrar o verdadeiro caminho.

O Livro 4 finda, porém, com uma prece, ainda que mostre retroativamente sua aflição ("o que isso me trouxe de bom?" pergunta Agostinho repetidas vezes). A abertura do Livro V é composta de uma reafirmação de objetivos e de uma retomada do diálogo com Deus:

> Recebei o sacrifício das *Confissões*, por meio do ministério da minha língua, por Vós formada e que impelistes a confessar o vosso nome. Sarai todos os meus ossos e que eles clamem: "Senhor, quem há semelhante a Vós?" (5.1.1).

Essa é uma frase marcante. "Sacrifício" evoca a liturgia: trata-se da oferta, solene e exterior, de uma disposição do coração, assim como também se pode dizer a respeito das confissões. Após livros de genuína errância e angústia, Agostinho relembra o seu projeto a si mesmo, aos seus leitores e a Deus. De fato, o parágrafo termina com um pedido que antevê a ascensão em Óstia, no Livro 9.

> Toda a criação entoa continuamente as vossas glórias. Todo o espírito vos louva, pelos seus próprios lábios, erguidos para Vós; os animais e os seres do reino mineral vos louvam pela boca daqueles que os consideram. Assim, a nossa alma levanta-se da lassidão até Vós, apoiando-se nas vossas criaturas, e atira-se para Vós que maravilhosamente as criastes. Aí encontrará o rejuvenescimento e a verdadeira força (5.1.1).

Há um clamor de alegria e louvor naqueles que contemplam a criação divina, que é a forma com que a própria criação louva a Deus. O deleite pela criação é o caminho da alma em direção a Deus. Mas trata-se também de uma relação bastante corpórea com Deus, que criou a língua para que fosse louvado. Por um lado, esta é uma visão antropocêntrica: são sempre os seres humanos que são os responsáveis por isso. Ainda assim, está claro que os seres humanos não são nada sem o restante da criação, que eleva o seu louvor, ou sem Deus, o criador que deve ser louvado.

A frase "leva a cura para todos os meus ossos e deixa-me exclamar: Senhor, quem sois Vós?" representa uma fusão particularmente inspirada de duas frases do Livro dos Salmos: "Cura-me, Senhor, porque estremecem meus ossos!" (Sl 6,2); e "Todo o meu ser [ossos] dirá: 'Senhor, que é semelhante a ti [...]?'" (Sl 35,10). Essa indagação se torna o *leitmotiv* de outras duas preces introdutórias, vale dizer, aquela que introduz as intensas mudanças do

Livro 8 (com suas consecutivas e inspiradoras cenas de conversão, culminando no *tolle lege*) e a do Livro 9 (com a sucessão de mortes e o momento da ascensão em Óstia): "Permiti que os meus ossos se penetrem do vosso amor e digam: 'Senhor, que é semelhante a Vós?'" (8.1.1); "fazei que meu coração e minha língua vos louvem e todos os meus ossos exclamem: 'Senhor, quem há de semelhante a Vós?'" (9.1.1). A resposta a essa questão é, evidentemente, que nada é semelhante a Deus: esse é outro ponto que Agostinho descobre ao longo de suas *Confissões*. Mas há também uma resposta positiva: "sim, permiti que [meus ossos] perguntem, e, então, respondei e dizei à minha alma 'Eu sou a tua salvação'" (9.1.1). Note-se que essa passagem remete à prece introdutória da obra. O "eu sou tua salvação" ecoa também o Sl 35,3.

O diálogo com Deus não é unilateral. Após o hiato simbólico dos livros 2, 3 e 4, há apenas mais um livro que não começa com uma prece a Deus (e, por conseguinte, não tem a expectativa de uma resposta): é o Livro 7. Isso não é uma mera coincidência. Agostinho já se distanciara da noção maniqueísta de um deus material, mas não tinha nada ainda para pôr no seu lugar. "Assim, apesar de não vos conceber sob a forma de corpo humano [...], não vos podia conceber de outra maneira" (7.1.1). Agostinho não realiza uma prece, pois, neste ponto dramático da narrativa, ele não tem a quem rezar.

É na prece do início do Livro 10 que Agostinho declara de forma clara – e, talvez, idiossincrática: "Mas Vós amastes a verdade, e quem a pratica alcança a luz. Quero também praticá-la [fazer a verdade] no meu coração, confessando-me a Vós, e, nos meus escritos, a um grande número de testemunhas" (10.1.1). Como vimos na seção introdutória a respeito da confissão, neste ponto, ele se interrompe para refletir a respeito da noção de confissão. Isto é, o que ele quer dizer com isso, a quem está confessando, de que forma ele é ouvido e quem pode entreouvi-lo. O Livro 11 começa com uma recapitulação do objetivo, que ecoa o início da obra, ao passo que convida todo o seu público a se unir a ele:

> Por que razão vos narro, pois, tantos acontecimentos? Não é, certamente, para que os conheçais por mim, mas para excitar o meu afeto para convosco e o daqueles que leem estas páginas, a fim de *todos* exclamarmos: "Deus é grande e digno de todo o louvor" (11.1.1, destaquei).

Isso também evidencia que a vontade de Deus está mantendo o diálogo das *Confissões*: "veja, então, que longa história eu vos contei da melhor forma que pude e como eu verdadeiramente quis, pois Vós quisestes primeiramente que eu confessasse a Vós, meu Senhor e Deus". Agostinho declara sua intenção de pular os anos que o levaram ao episcopado e reza pela compreensão da parte de Deus, isto é, da Escritura. Nós ainda retornaremos a essa magnífica prece ao final deste capítulo. Mas as primeiras palavras do Livro 12 nos relatam que a prece foi ouvida:

> Senhor, na miséria desta vida, meu coração, agitado pelas palavras da vossa Sagrada Escritura, anda profundamente inquieto (12.1.1).

A imagem de bater às portas do coração remete ao final das *Confissões*, por mais que, neste caso, seja o coração de Deus que oferece o ingresso:

> A Vós se peça, em Vós se procure, à vossa porta se bata. Deste modo sim, deste modo, se há de receber, se há de encontrar e se há de abrir a porta do mistério (13.38.53).

As palavras de Cristo à multidão de seguidores no Sermão da Montanha (Mt 7,7; Lc 11,9) tornam-se o fio que liga o "eu" e o "Vós" das *Confissões*. As Escrituras de Deus batem e abrem as portas do coração de Agostinho. Já Agostinho e seu público ganham, por meio da confissão, a possibilidade de bater às portas do coração de Deus.

LEITURA DE APROFUNDAMENTO

O tom do diálogo de Agostinho com Deus é, sobretudo, tirado aos salmos. Confira Burns (1993) para maiores informações a respeito de como Agostinho faz uso dos salmos nas *Confissões*. As *Confissões* como diálogo foram tema de Douglass (1996). Já Stock (2010) desenvolveu um sofisticado argumento a respeito da importância do diálogo interno para o progresso espiritual de Agostinho.

2 A importância do questionamento

> Pedi e vos será dado; buscai e achareis; batei e vos abrirão (Mt 7,7; Lc 11,9).

Pedir, buscar, bater à porta: o movimento inquieto do questionamento percorre as *Confissões*. "Quem sou eu? O que sou eu?", pergunta-se Agostinho no início do Livro 9. No seu pior momento, no Livro 4, ele observa desanimadamente que "tinha-me transformado num grande problema" (4.4.9) (a palavra latina para *problema* aqui é *quaestio*, de onde deriva a nossa *questão*). Ao enumerar as tentações a que ainda segue sujeito no Livro 10, ele lamenta: "sob vosso olhar transformei-me, para mim mesmo, num enigma que é a minha própria enfermidade" (10.33.50). O questionamento torna-se interno, direcionado a si próprio.

O questionamento era um dos modos fundamentais de comunicação de Agostinho. Ele nos relata nas *Confissões* (3.4.7) que um dos primeiros livros que lhe causou grande impressão foi um diálogo filosófico de Cícero, chamado *Hortênsio*, que ele leu aos 19 anos quando ainda estudante em Cartago. (Esse diálogo, infelizmente, não chegou a nós.) Agostinho não liga explicitamente *Hortênsio* à escola filosófica a que Cícero era afiliado, os acadêmicos, mas ele claramente considerou isso extremamente agradável. Os acadêmicos esposavam o que se chama ceticismo radical, isto é, a noção de que nunca se pode estar suficientemente certo de algo para realizar uma afirmação de fato. "[Os acadêmicos] julgavam que de tudo se havia de duvidar e sustentavam que nada de verdadeiro podia ser compreendido pelo homem" (5.10.19). Posteriormente, quando estava em Milão, Agostinho escreve: "assim, duvidando de tudo, à maneira dos acadêmicos – como os julga a opinião mais seguida –, [...] determinei abandonar os maniqueístas" (5.14.25). Foi isso que se entrepôs entre ele e os maniqueístas, abrindo o caminho para o seu retorno ao cristianismo.

O que Agostinho não menciona é que o primeiro diálogo que escreveu após sua conversão, em seu retiro de outono em Cassicíaco (9.4.7) – ou, ao menos, trata-se do primeiro que ele discute, em ordem cronológica, em suas *Revisões* – foi um diálogo filosófico que, de forma bastante incomum para a sua bibliografia, chegou até nós sob dois títulos seguramente atestados: tanto *Contra os acadêmicos* como *Dos acadêmicos*. O contraste entre os títulos é revelador: Agostinho, de fato, está ostensivamente atacando o ceticismo radical. Mas a sua conclusão é em si mesma encantadoramente cética:

Por enquanto, eu me convenci, tanto quanto minha habilidade me permitia, da probabilidade dessa posição a respeito dos acadêmicos. Se é falsa, não me preocupa: por ora, é suficiente, para mim, não pensar que a verdade não possa ser descoberta pelo ser humano (*Contra os acadêmicos*, 3.19).

A dupla negativa, que eu enfatizei na tradução, apresenta-se também em latim. Aquilo que Agostinho logrou registrar no diálogo é que não se pode iniciar ou realizar um progresso de natureza intelectual ou espiritual sem que constantemente se levantem questões, aceitando também que a indeterminação pode ser uma resposta. Há uma razão para que se trate de um diálogo – de fato, apresenta-se como uma conversa entre diversas pessoas –, não se devendo isso exclusivamente ao fato de ser uma homenagem a Cícero.

A outra pista de que Agostinho tenha considerado o questionamento espiritualmente frutífero também data dos seus meses em Cassicíaco. Ele escreveu outra obra na forma de diálogo, chamada *Solilóquios* – uma palavra que, segundo ele nos conta, foi cunhada para significar "conversações comigo mesmo". No diálogo, é como se ele se dividisse em dois: o interlocutor, chamado Agostinho, faz ansiosamente ávidas perguntas à sua própria "Razão". Quando a Razão pergunta a "Agostinho" o que ele quer saber, diz ele: "de Deus e a da alma". A Razão lhe replica: "Então isso é tudo?"

Nas *Confissões*, como nós vimos, Agostinho está clamando por Deus a partir da sua própria alma. Ele ainda julga não conhecer ambos. Porém, o questionamento se tornou o modo natural com que ele retrocede diante da incognoscibilidade de Deus. Daí o fato de que não se vira praticamente nenhuma página das *Confissões* sem que se veja ao menos um ponto de interrogação (ao menos nas edições modernas, já que o próprio Agostinho teria escrito sem pontuação). Daí, também, o bombardeamento de questões no início da obra:

> Se primeiro vos deva invocar ou louvar, se, primeiro, vos deva conhecer ou invocar. Mas quem é que vos invoca se antes não vos conhece? Esse, na sua ignorância, corre perigo de invocar a outrem. – Ou, porventura não sois antes invocado para depois serdes conhecido? "Mas como invocarão aquele em que não acreditaram? [...]" (1.1.1).

Não há ainda conhecimento certeiro, exceto aquele que se encontra nas e por meio das Escrituras: "a Escritura nos conta que aqueles que buscam o Senhor hão de louvá-lo, pois, como buscam, hão de encontrá-lo, e, ao achá-lo, eles hão de louvá-lo". Há aí outra referência à passagem do Evangelho com que ele iniciou a seção. Mas "como eles buscam, eles o encontram" é uma frase muito diferente de "procura e acharás". O encontrar acontece naturalmente no processo da busca. E aí que Agostinho passa a se sentir à vontade com Deus. É assim que, no fim das contas, Agostinho se opõe ao ceticismo radical dos acadêmicos, o que é um duro golpe. Não importa que não se possa a partir da limitada perspectiva humana, fazer certas afirmações a respeito da verdade. A verdade, que é Deus, emerge por meio das questões.

O que Agostinho quer dizer quando afirma que "eu me tornara um grande enigma para mim mesmo"? Evidentemente, essa não é um tipo de questão que pode ser convertida em louvor. O próprio Agostinho é um enigma, uma *quaestio*, pois ele se virou a si mesmo e não encontrou resposta. O contexto, no Livro 4, é o da morte de seu amado amigo que havia se convertido, durante uma enfermidade, ao cristianismo ortodoxo, rejeitando tanto Agostinho como o maniqueísmo que ele esposava. Agostinho faz ecoar o *leitmotiv* dos Sl 42 e 43: "interrogava a minha alma por que andava triste e se perturbava tanto e nada me sabia responder" (4.4.7). Não obteve resposta, pois a resposta em ambos os salmos é a "confiança em Deus". Agostinho não estava confiando em Deus, mas em um fantasma material adorado pelos maniqueístas. Por isso, naquele momento, o questionamento não lhe serve de nada: é o fim da linha. Trata-se de uma questão sem expectativa de encontrar ou louvar algo.

A técnica do Livro 4 é a dos *Solilóquios* – à exceção de que, nas *Confissões*, a alma não tem respostas a dar. A repetição da frase, no Livro 10, funciona de maneira levemente distinta. Nesta vez, Agostinho havia se tornado um enigma "sob o vosso olhar [...] [e isso] que é a minha própria enfermidade" (10.33.50). Agora, ele tem acesso à graça divina, mas segue confuso e hesitante – neste exemplo, em relação ao efeito de distração que exerce sobre ele a música dos salmos. Sua distração, isto é, a separação entre o eu e o si mesmo em seus questionamentos, torna-se uma enfermidade. Ele precisa aprender a confiar na graça divina, mas isso não é fácil. Questões postas por Deus perfazem uma parte do processo de conversão. Tornar-se uma questão para si mesmo leva ao risco de estase. O fato de que esta frase marcante ocorra em dois estágios tão distintos do desenvolvimento espiritual de Agostinho sugere que se deva sempre ter consciência de como o questionamento deve ser usado.

Leitura de aprofundamento

A respeito da importância de Cícero para Agostinho, confira Hagendahl (1967, p. 479-588), especialmente as seções sobre *Hortênsio* e os acadêmicos, além da longa conclusão. A respeito de Agostinho e o questionamento, confira Mathewes (2002) e MacDonald (2008). Menn (2014), a respeito do "método aporético", é também bastante útil.

3 A aquisição da linguagem

A linguagem era extremamente importante para Agostinho. Obviamente, a utilização da linguagem estava no centro de sua vida, seja como professor e orador antes de sua conversão, seja, depois, como pregador e escritor. Mas também dispomos de muitas outras razões para fazer essa afirmação.

Para começar, Agostinho estava profundamente interessado no processo de aquisição linguística, tanto de sua própria língua como de uma segunda língua. "Permiti, porém, que 'eu, pó e cinza', fale à vossa misericórdia", implora ele na transição de sua prece de abertura para o relato do início de sua vida (1.6.7). (Ele está repetindo as palavras de Abraão, ao pedir a Deus que não destrua Sodoma [Gn 18,27].) Isso serve de prólogo à sua autodescrição como uma criança, devendo-se entender o significado dessa palavra, conforme ele deixa claro, etimologicamente: "criança" (*infans*) significa, em latim, "não falante".

> A pouco e pouco, ia reconhecendo onde me encontrava. Queria exprimir os meus desejos às pessoas que os deviam satisfazer e não podia, porque os desejos estavam dentro e elas fora, sem poderem penetrar-me na alma com nenhum dos sentidos. Estendia os braços, soltava vagidos, fazia sinais semelhantes aos meus desejos, os poucos que me era possível esboçar e que eu exprimia como podia. Mas eram inexpressivos (1.6.8).

Gillian Clark comenta secamente essa passagem: "Desejos frustrados e inapropriados, falta de comunicação, tentativas equivocadas de dominar... Assim são as relações humanas após a queda do homem" (1995, p. 93). Deus é o único a quem se pode clamar no seu interior e, mesmo assim, ser entendido. Para os seres humanos, a disjunção entre dentro e fora, tão clara nessa passagem, é sempre um problema: é a fenda sob todas as descrições da linguagem das *Confissões*. É irônico que, conforme Agostinho nos diz, ele tenha de confiar nas observações "externas" de outras pessoas, isto é, "confiado na autoridade de simples mulheres" (1.6.10), para dar conta dessa parte de sua vida. A tradução de dentro para fora e a inadequação da comunicação humana são incorporadas ao relato. Mas ele também observa bebês, notando-lhes o sofrimento gerado por não conseguir falar. Portanto, o argumento para caracterizar a linguagem como uma ponte imperfeita mas necessária é formulado tacitamente.

A transição para "não falar" ocorre quando "já buscava sinais com que exprimir aos outros as minhas vontades" (1.6.10). Segue-se um relato notável da aquisição gradual da linguagem.

> Não eram pessoas mais velhas que me ensinavam as palavras, com método, como pouco depois o fizeram para as letras. Graças à inteligência que Vós, Senhor, me destes, eu mesmo aprendi [...]. Retinha tudo na memória quando pronunciavam o nome de alguma coisa e quando segundo essa palavra moviam o corpo para ela. Via e notava que davam ao objeto, quando o queriam designar, um nome que eles pronunciavam. [...] Por este processo retinha pouco a pouco as palavras convenientemente dispostas em várias frases e frequentemente ouvidas como sinais de objetos. [...] Assim principiei a comunicar-me com as pessoas que me rodeavam [...] (1.8.3).

Há algo inato na capacidade humana de expressar-se por palavras. Essa aptidão reside na mente, dada por Deus. Alguns anos antes, em um diálogo chamado *Do Mestre*, Agostinho havia rastreado as origens desse processo até o "Mestre interior", Cristo. A "apreensão" das palavras, no entanto, captura brilhantemente a maneira pela qual a aquisição da linguagem é marcada por desejo e ganância: a imagem lembra um bebê estendendo a mão e agarrando pequenos objetos.

Um importante desenvolvimento argumentativo ocorre nessa passagem. A princípio, Agostinho, já não mais criança, lida com substantivos concretos, assistindo e ouvindo as pessoas indicarem objetos e aprendendo a usar certos substantivos para certos objetos. Mas ele logo passa para um nível muito mais sofisticado, o de ordenar as palavras corretamente na frase. Observe-se que Agostinho está descrevendo o uso de palavras em contexto social, sempre em encontros com outras pessoas e suas necessidades e desejos. A linguagem é uma ferramenta social; seu uso é desenvolvido em comunidade e ao agir. Isso está muito próximo dos "jogos de linguagem" de Wittgenstein e, de fato, este último cita Agostinho para introduzir o conceito.

Note-se também, no entanto, que a transição do substantivo para a frase não tem a ver apenas com as palavras em si. Dessa forma, "esse querer [das pessoas] me era revelado pelos movimentos do corpo que são como que a linguagem natural a todos os povos e consiste na expressão da fisionomia, no movimento dos olhos, nos gestos, no tom da voz [...]" (1.8.13). Palavras, para Agostinho, não são coisas abstratas; são, antes, proferidas por seres humanos, devendo ser consideradas como uma produção de todo corpo. Tom, gesto, expressão: todos são inatos também, "as palavras naturais". Pode parecer óbvio que uma teoria da aquisição da linguagem deva incluir o que é conhecido como fenômeno paralinguístico – questões como o tom de voz –, assim como as palavras sem corpo; mas, na verdade, eles quase sempre são esquecidos. Agostinho pensou nas palavras no contexto humano de sua fala. Isso significa pensar em corpos, nos outros corpos com os quais eles interagem e nas mentes. "Aprendi [...] pelo meu coração desejoso de dar à luz

79

os seus sentimentos [...], não da boca dos mestres, mas daqueles que falavam comigo e em cujos ouvidos eu depunha as minhas impressões" (1.14.23).

Essa última observação é feita em um doloroso contraste com as técnicas para aprender um segundo idioma. "Por que aborrecia eu também a literatura grega que entoava tais ficções? [...] O trabalho de aprender inteiramente essa língua estrangeira como que aspergia com fel toda a suavidade das fábulas gregas" (1.14.23). Agostinho foi aprendendo grego da mesma maneira que o latim e o grego são geralmente ensinados hoje, e não como uma língua viva; seu aprendizado era pela literatura. É interessante que ele aparentemente não tenha aprendido o grego com falantes nativos. Afinal, haveria muitos deles em Cartago ou Hipona, mas é possível que não tenham penetrado em localidades menores e provinciais como Tagaste ou Madaura. De qualquer forma, diz ele, "eu não sabia nada sobre as palavras, e a ameaça de punições terríveis e selvagens costumava me fazer aprendê-las" (a primeira experiência de oração experimentada por Agostinho foi sua prece para não ser espancado na escola por não ter completado suas lições). A aquisição mecânica da linguagem – a aprendizagem de palavras para além do seu contexto de expressão – é repugnante a Agostinho.

A linguagem é uma ferramenta social, não um fim em si mesmo. Bem adiante nas *Confissões*, Agostinho usa a incompreensão dos falantes de latim e grego para demonstrar a noção de que existe uma verdade além da linguagem:

> Mal ouvimos este nome "felicidade", imediatamente temos de confessar que é isso mesmo o que apetecemos; não nos deleitamos simplesmente com o som da palavra. Quando um grego ouve pronunciar esse vocábulo em latim, não se deleita, porque ignora o sentido. Mas

nós nos deleitamos; e ele também se deleita, se ouve em grego, porque a felicidade real não é grega nem latina (10.20.29).

LEITURA DE APROFUNDAMENTO

Sobre Agostinho, Wittgenstein e aquisição de idiomas, confira Burnyeat (1987) e Wetzel (2010). Sobre Agostinho e a língua grega, confira Courcelle (1969, p. 149-165). Para observações densamente expostas sobre a importância da linguagem nas *Confissões*, confira Burton (2007, p. 1-34 e 173-177).

4 Retórica e clássicos latinos

Voltemos agora aos dias de escola de Agostinho e verifiquemos mais duas razões pelas quais a linguagem era importante para ele. A primeira foi sua paixão pela literatura que lhe foi ensinada no que poderíamos chamar de escola secundária (nestas, os professores eram realmente conhecidos como *gramáticos*), ou ensino médio, ao qual ele ascendeu depois de aprender a ler e escrever com seus "primeiros professores" (*primi magistri*) na escola primária. O currículo latino da época era organizado predominantemente em torno de quatro autores: Salústio, o historiógrafo, Cícero, o orador e filósofo, Terêncio, o comediógrafo, e Virgílio, o grande compositor da poesia épica romana. Todos esses autores deixariam sua marca nos trabalhos posteriores de Agostinho; já vimos a importância de Cícero para seus primeiros diálogos e sua contribuição para a "conversão" de Agostinho à filosofia. Porém, segundo o relato da sua educação, são Virgílio e Terêncio os que mais se destacam.

Era um pressuposto comum da prática educacional da Antiguidade e da Idade Média que obras escritas com métrica – isto é, poesia – fossem mais palatáveis e mais fáceis de decorar do que aquelas redigidas em prosa. Por isso, dava-se grande ênfase à memorização e à análise de obras poéticas. Daí, também, a raiva aparentemente desproporcional que Agostinho direciona contra uma cena de uma peça de Terêncio, *O eunuco*. Nessa cena, um jovem admira uma imagem do deus Júpiter descendo na forma de uma chuva de ouro para estuprar a infeliz Dânae. Em seguida, ele faz uso dessa imagem para justificar os atos de sua própria concupiscência. Os comentários de Agostinho seriam quase risíveis, se não estivesse claro que ele está falando sério neste trecho.

> Desconheceríamos, então, os vocábulos "chuva de ouro" (*imbrem aureum*), "regaço" (*gremium*), "logro" (*fucum*), "templos do céu" (*templa caeli*) e outras palavras [...]? [...] De maneira nenhuma se aprendem melhor tais palavras por meio desta torpeza, mas por estas palavras se comete mais afoitamente a devassidão (1.16.26).

Mas o espírito de Agostinho é reservado especialmente para Virgílio, cujas obras, e sobretudo a *Eneida*, foram consideradas a introdução ideal para a cultura latina. Ele se distancia notavelmente da *Eneida* – "[...] era obrigado a gravar na memória as navegações errantes de um certo Eneias [...]" (1.13.20) – este que é, de longe, o poema latino mais famoso da Antiguidade! Ele lamenta o fato de ter chorado obsessivamente pela morte da amada fictícia de Eneias, Dido, enquanto ignorava sua própria degeneração moral. (Também pode haver um lampejo de lealdade africana aqui: Dido foi a primeira rainha de Cartago, e Cartago era o destino de Agostinho para continuar sua formação.)

Agostinho nunca abandonou inteiramente Virgílio: suas palavras estavam muito profundamente arraigadas. Trechos inteiros de sua grande obra, *A cidade de Deus*, que ele começou a escrever em 413, articulam-se em torno de citações de Virgílio. (Salústio também está presente, embora menos frequentemente; e uma engajada crítica à teoria política de Cícero ocupa parte da segunda metade da obra.) Mas acho justo dizer que Agostinho nunca usou Virgílio sem ambivalência. Ele conclui sua seção sobre Virgílio nas *Confissões* dizendo "ó loucura! reputavam-se tais estudos como mais honrosos e úteis do que aqueles em que aprendi a ler e a escrever!" (1.13.21). A segunda forma pela qual a literatura latina era importante para Agostinho estava em que ela constituía sua meta de carreira. Homens jovens como ele, de origem relativamente humilde, poderiam ascender de classe social e obter posições rentáveis, seja como professores, seja como oradores, seja na burocracia imperial, se demonstrassem proficiência excepcional em latim. É por isso que seu pai economizou o dinheiro dele com "ambição despudorada", como relata seu filho de forma ingrata, com o objetivo de enviar Agostinho para estudos mais aprofundados em Cartago (2.3.5). Os primeiros livros das *Confissões* estão cheios de tensões geradas por sua ambição, tanto na perspectiva da época, quando Agostinho se esforçava sempre por alcançar os níveis mais altos de sucesso, como também em um retrospecto arrependido, em que ele faz considerações a respeito de seu esforço. Ele relata uma competição oratória no ensino médio: "que me aproveitou tudo aquilo? Que me aproveitou, ó Vida verdadeira e meu Deus, ter sido mais aclamado do que os contemporâneos e condiscípulos, quando recitava?" (1.17.27). Ainda, a respeito de seus estudos em Cartago, diz ele que "os estudos a que me entregava e que se apelidavam de honestos davam entrada para o foro dos litígios, onde me deveria distinguir [...]. Já naquele tempo era o primeiro da escola de retórica, coisa que me alegrava soberbamente e me fazia inchar de vaidade" (3.3.6). Também em Cartago, com cerca de 20 anos, diz ele: "a mim, tão mau escravo nesse tempo, que me aproveitou ter lido e compreendido por mim mesmo todos os livros que pude, das artes que chamam liberais?" (4.16.30).

Todas as ansiedades e frustrações dessas ambições equivocadas e todo o desprezo retrospectivo de Agostinho por seu eu mais jovem reúnem-se em um longo relato a respeito do fato de ter dedicado seu primeiro livro a um orador que ele não conhecia. Era um expediente clássico de um jovem aspirante: tentar chamar a atenção de alguém que ele admire e por quem ele considera poder vir a ser ajudado. Parte da motivação deve ter sido que Hiério, o agraciado, era também alguém de fora: "admiravam-se que um sírio de nascimento, já mestre de eloquência grega, chegasse a orador admirável da língua latina e fosse sábio profundo em assuntos de ciências filosóficas" (4.14.21). Mas Agostinho o admirava não por causa de suas qualidades, mas porque ele impressionara os outros: "eis onde jaz enferma a alma que ainda não aderiu à solidez da Verdade" (4.14.23). Agostinho é implacável contra o seu engano, tanto do projeto intelectual consubstanciado no livro, como de sua dedicatória: "assim, se a própria alma racional é viciosa, os erros e as falsas opiniões contaminam a vida. Era este o estado da minha alma" (4.15.25).

Não há evidências, aqui ou em outro lugar, de que Hiério tenha respondido à dedicatória. O próprio livro estava perdido à época em que Agostinho escrevia as *Confissões*. Não há referência a essa obra nas *Revisões*.

LEITURA DE APROFUNDAMENTO

Sobre a educação na Antiguidade tardia, confira Kaster (1988, p. 1-230). Ele é especialmente bom no elo entre o conhecimento retórico e a ascensão social. Sobre Agostinho e as artes liberais, confira Pollmann e Vessey (2005), especialmente os ensaios de Shanzer e Burton. A respeito de Virgílio e Agostinho, confira MacCormack (1998).

5 Afastamento da retórica

O que captamos das *Confissões* sobre a atitude de Agostinho em relação à retórica é principalmente uma retrospectiva duramente crítica. A narrativa dele nos primeiros livros é forjada sob a pressão de sua subsequente rejeição da carreira de orador e sob sua adesão à carreira religiosa. O efeito é uma visão constantemente dupla. A menos que o leitor esteja acompanhando a leitura muito cuidadosamente, ele perderá o momento em que Agostinho é nomeado mestre de oratória na cidade imperial de Milão, até porque, mesmo usando tantas palavras, ele não diz explicitamente que a nomeação foi feita:

> Portanto, depois que dirigiram de Milão um pedido ao prefeito de Roma para que aquela cidade fosse provida de um professor de retórica [...] eu próprio solicitei esse emprego por intermédio destes mesmos amigos, embriagados pelas vaidades dos maniqueístas. [...] Propôs-me Símaco, então prefeito, um tema para discursar e, sendo eu aprovado, me enviou (5.13.23).

O foco, nesse ponto da narrativa, está no seu afastamento da crença maniqueísta. Nunca se poderia imaginar, pela descrição brusca de sua mudança para Milão, que Agostinho acabara de cumprir o mais ambicioso desejo de sua juventude e de seus pais ao atingir o apogeu de uma carreira secular. Ele não tinha sequer 30 anos então.

No entanto, Agostinho semeia a desconfiança sobre a linguagem oratória praticamente desde o início das *Confissões* – em parte, por meio de sua expressa desconfiança do excesso de linguagem, isto é, da utilização de muitas palavras, que ele associa particularmente aos maniqueístas. Em parte, ainda, por meio de sua exposição da relação dúbia entre oratória e ética. Esta última relação é declarada categoricamente no curso do relato de Agostinho a respeito de sua própria educação:

> Vede esse homem, procurando a glória da eloquência, diante de um homem, o juiz, e, na presença de grande número de homens, atacar o inimigo com ódio violentíssimo. Como evita com toda a vigilância dizer algum erro de linguagem como não aspirar o *h* de "*inter homines*" (entre os homens) pronunciando "*inter omines*"! Mas não tem cuidado de vigiar o furor da sua alma que o arrasta a tirar um homem de entre os homens (1.18.29).

O "homem" retoma a angústia, expressa anteriormente no parágrafo, de que a formação correta torna mais importante não pular o *h* em "ser humano" (*homo* em latim) do que controlar os sentimentos e o comportamento em relação a esse ser humano. Essa ansiedade se estende à pregação de Agostinho. Quando ele avisa sua congregação de que um escravo nunca deveria ser castigado com raiva, ele diz:

> Não deves agir desta forma se pensas ser um ser humano. Nem mesmo se pensas que, ao passo que "escravo" e "mestre" são palavras distintas, "humano" e "humano" não são (*Sermão Dolbeau*, 21.4).

Não surpreende que Agostinho acabe preferindo as habilidades básicas de leitura, escrita e aritmética aprendidas na escola primária: "aquelas primeiras letras a que devia e devo a possibilidade de não só ler qualquer escrito, mas também de escrever o que me aprouver, eram sem dúvida mais úteis e mais certas [...]" (1.13.20). É difícil exagerar o quão profundamente ligados eram o sucesso na oratória e a ascensão social na Antiguidade tardia: quanto maior o nível de sucesso, mais alta a classe a que se poderia aspirar. Afirmando sem rodeios sua preferência pelo ensino elementar, Agostinho está subvertendo a própria estrutura social, bem como os motivos pelos quais ele outrora desejara ascender socialmente. Quando ele finalmente decide desistir de sua carreira em Milão, ele afirma com desdém: "acabadas as férias fiz saber aos habitantes de Milão que deviam prover os seus estudos com outro vendedor de palavras [...]" (9.5.13).

A suspeita de excesso de linguagem, da existência de palavras sem conteúdo, perpassa não apenas as *Confissões*, mas também as outras obras de Agostinho, por mais prolíficas que sejam. (Cerca de cinco milhões de palavras nos seus escritos chegaram a nós. Embora essa conta inclua centenas de suas cartas e sermões, há ainda muitas outras obras perdidas.) No final da concisa prece do início das *Confissões*, em que Agostinho se debate com uma gama de paradoxos ao se dirigir a um Deus universal, ele irrompe:

> Que dizemos nós, meu Deus, minha vida, minha santa delícia, ou que diz alguém quando fala de Vós?... Mais ai dos que se calam acerca de Vós, porque, embora falem muito, serão mudos! (1.4.4).

A última frase é fundamental: a censura àqueles que usam as palavras, mas não fazem uso da mente racional que os aproxima de Deus. (Em grego, o termo para *palavra* e *razão* é o mesmo: *logos*.) Quando Agostinho fala pela primeira vez dos maniqueístas, ele os descreve como "homens [...] demasiado carnais e loquazes", observando, quanto aos nomes de Cristo e do Espírito Santo, que "jamais estes nomes se lhes retiravam dos lábios", e, no entanto, "eram apenas sons e estrépito de língua. O seu coração estava vazio de sinceridade" (3.6.10). Isso nos faz perceber que a declaração do final do Livro 12, "vede, Senhor [...] quantas e quantas coisas escrevi sobre tão poucos versículos", é uma expressão de sincera angústia pela verborragia. E é coerente com o honesto desejo de Agostinho, no Livro 11, quando começa ele a expor sobre o Gênesis, a falar com Moisés (que Agostinho pensava ser o autor do Gênesis) e a ouvir a verdade por detrás da linguagem: "agora [Moisés] não está na minha presença. Se estivesse presente, detê-lo-ia para lhe pedir e suplicar por vosso intermédio que me patenteasse o sentido desta frase" (11.3.5). Linguagem sem verdade é uma fonte de horrores; por outro lado, tentar descobrir a verdade por trás da linguagem é uma fonte de angústia.

O vazio do treinamento oratório de Agostinho e o vazio da tagarelice maniqueísta são nitidamente justapostos no início do Livro 4, o livro das *Confissões* que documenta a decadência espiritual de Agostinho.

> Durante esse período de nove anos desde os dezenove até os vinte e oito, cercado de muitas paixões, era seduzido e seduzia, era enganado e enganava: às claras, com as ciências a que se chamam liberais, e às ocultas, sob o falso nome de religião. Aqui ostentava-me soberbo, além supersticioso e em toda a parte vaidoso (4.1.1).

É apropriado, portanto, que a libertação de Agostinho às armadilhas da retórica, bem como sua conversão à religião, cujas palavras são verdade, e não falsidade, sejam também narradas por justaposição. O Livro 5 relata a história de dois encontros importantíssimos: um, com Fausto, o maniqueísta; outro, com Ambrósio, bispo de Milão. Os dois funcionam como figuras pivotantes, dominando o início e o fim da obra, ao passo que, no meio, há o relato da mudança de Agostinho para a Itália e da sua breve e desagradável experiência como professor em Roma.

A justaposição também se projeta no espaço: de um lado, Cartago, onde o livro principia. Trata-se da cidade que Agostinho associa à sua juventude confusa, impulsiva e desorientada. De outro lado, Milão, onde Agostinho finalmente passou a se convencer da doutrina da Igreja Católica. Fausto, "certo bispo maniqueísta" originário de Milevo na Numídia, chega a Cartago: "[Fausto] seduzia a muitos por meio da sua melíflua eloquência. Não obstante ser esta por mim aplaudida, sabia, contudo, discerni-la das verdades que desejava aprender" (5.3.3). Agostinho está ansioso para discutir com ele alguns pontos inquietantes da doutrina maniqueísta. Além disso, está visivelmente ansioso por uma companhia intelectual. Mas, quando ele finalmente consegue furar o círculo de admiradores de Fausto e iniciar uma conversa com ele, sua primeira decepção será o fato de Fausto não dispor de instrução clássica: "notei que das artes liberais apenas sabia a gramática, e, ainda esta, de modo nada extraordinário" (5.6.11). (Claramente, no presente narrativo, Agostinho ainda não havia aprendido a dar prioridade ao trabalho dos professores da escola primária.) Quando Agostinho formula seus detalhados questionamentos a respeito do maniqueísmo, suas expectativas já são baixas. Curiosamente, o que o impressiona é a honestidade de Fausto a respeito da sua incapacidade de responder:

Quando lhe propus essas dificuldades para serem discutidas, desculpou-se modestamente sem ousar tomar sobre si tal encargo. Reconhecera a sua ignorância no assunto e não se ruborizou de a confessar. Não pertencia à classe dos palradores que eu muitas vezes suportava e que, esforçando-se por me elucidar naqueles problemas, nada me diziam (5.7.12).

Este é o momento da reviravolta. Os "tipos loquazes" são os "tagarelas" da prece introdutória (a palavra latina é a mesma, *loquaces*, que é sempre usada pejorativamente). Fausto literalmente não diz nada que valha a pena ouvir, e nisso reside sua virtude. E "saber o que não sabe" é um conceito muito importante para Agostinho. Ele é explorado pela primeira vez em seus primeiros diálogos, que antecedem as *Confissões* em dez anos. Trata-se de um dos recursos que ele utiliza para aceitar os limites de seu próprio conhecimento quando confrontado pela esplêndida incognoscibilidade de Deus. Em Fausto, Agostinho admira "a modéstia da alma que confessa sua incapacidade" (5.7.12). Segue-se um momento extraordinário, muito pouco comentado, em que os papéis de Agostinho e Fausto se invertem: o homem com quem Agostinho iria aprender faz de Agostinho seu professor. "Comecei a tratar com ele por causa da paixão que o inflamava pela literatura que eu, como orador, já então ensinava aos jovens de Cartago" (5.7.13).

Assim, Fausto mostra a Agostinho, mesmo em meio à confusão de sua vida em Cartago, a virtude de ficar calado quando não se tem nada a dizer. Cabe a Ambrósio ensinar a Agostinho, dando-lhe o exemplo, a arte de falar com sinceridade, bem como a noção de que o conteúdo ético é mais importante do que a retórica. A maneira pela qual Ambrósio é introduzido no texto é tão extraordinária quanto a inversão de papéis com Fausto: "então vim para Milão e para o bispo Ambrósio" (5.13.23), como se tivesse sido isso, e não seu novo cargo, que causou a partida de Agostinho de Roma. Ambrósio era uma figura formidável: aristocrata de nascimento, dispunha de notável educação e era excepcionalmente bem relacionado dentro e fora da comunidade cristã. Fora repentinamente elevado a bispo de Milão em 374. Ele claramente causou uma profunda impressão em Agostinho: mesmo depois de retornar ao Norte da África, Agostinho continuou, por algum tempo, a inserir, em suas cartas, anedotas exemplares do bispo de Milão. Além disso, Ambrósio é descrito de forma magistral em um breve episódio do Livro 9 das *Confissões* (9.7.15). Aqui, a influência de Ambrósio atua sobre Agostinho inesperadamente:

> Ardorosamente o ouvia quando pregava ao povo, não com o espírito que convinha, mas como que a sondar a sua eloquência para ver se correspondia à fama, ou se realmente se exagerava ou diminuía a sua reputação oratória. [...] Enquanto abria o coração para receber as palavras eloquentes, entravam também de mistura, pouco a pouco, as verdades que ele pregava (5.13.23).

Finalmente, Agostinho está começando a esquecer a retórica na busca da verdade. Ele está aprendendo a deixar de lado as palavras exteriores e a cuidar do sentido por detrás delas.

LEITURA DE APROFUNDAMENTO

Sobre o "não saber", confira Harrison (1999). Sobre o pano de fundo da relação entre retórica e ética, confira Connolly (2010). A respeito dos esforços de Agostinho para superar a retórica, confira Mohrmann (1958), Harrison (2000) e Conybeare (2016a).

6 A linguagem da Bíblia

Para Agostinho, a retórica está associada à arrogância e à ambição mundana. Seu exato oposto, na estrutura das *Confissões*, é a linguagem da Bíblia. Entrelaçada com a narrativa da abnegação da retórica e da sua vaidosa carreira secular, está a história de como ele gradualmente aprendeu a ter humildade para se aproximar da Bíblia, aprendendo como lê-la.

O primeiro encontro de Agostinho com a Bíblia fica no meio de duas grandes reviravoltas: entre sua primeira leitura do *Hortênsio* de Cícero e sua filiação repentina ao maniqueísmo. De fato, cada episódio é apresentado como uma consequência direta do anterior. Enquanto estudante em Cartago, Agostinho lê o *Hortênsio* (hoje infelizmente perdido, exceto por algumas citações nas próprias obras de Agostinho) como um convite fortemente estimulante à filosofia. (No meio dessa narrativa, na forma compacta de uma oração subordinada, esconde-se uma alusão à morte de seu pai: outra reviravolta?) O único aspecto negativo em *Hortênsio* era "não encontrar aí o nome de Cristo" (3.4.8), o que é uma ressalva interessante: Agostinho se mostra totalmente determinado a se filiar ao cristianismo, mas errado quanto aos detalhes dessa afiliação. Assim, ele tenta ler a Bíblia, mas não consegue tolerá-la. E, destarte, "caí assim nas mãos de homens orgulhosamente extravagantes" (3.6.10), os maniqueístas, dos quais falaremos melhor na seção 3 do capítulo III. Basta dizer agora que os maniqueístas do Norte da África faziam proselitismo em nome de Cristo – a rigor, eles se autodenominavam simplesmente "cristãos" –, de forma que o problema do silêncio de Cícero a respeito de Cristo fosse obviado. A "conversão" de Agostinho ao maniqueísmo foi, a seu momento, uma conversão a uma espécie de cristianismo.

O parágrafo em que Agostinho relata sua abordagem das Escrituras é denso e merece ser citado na íntegra. A oscilação da narrativa entre presente e passado, tão característica das *Confissões*, ocorre aqui em um espaço excepcionalmente curto.

> Determinei, por isso, dedicar-me ao estudo da Sagrada Escritura, para a conhecer. Vi então uma coisa encoberta para os soberbos, obscura para as crianças, mas humilde no começo, sublime à medida que se avança e velada com mistérios. Não estava ainda disposto a poder entrar nela ou inclinar a cerviz à sua passagem. O que senti, quando tomei nas mãos aquele livro, não foi o que acabo de dizer, senão que me pareceu indigno compará-lo à elegância ciceroniana. A sua simplicidade repugnava ao meu orgulho e a luz da minha inteligência não lhe penetrava no íntimo. Na verdade, a agudeza de vista cresce com as crianças, porém eu de nenhum modo queria passar por criança e, enfatuado pelo orgulho, tinha-me na conta de grande! (3.5.9).

Agostinho inverte seu procedimento normal de atrair o leitor pela emoção para um momento do passado e, em seguida, voltar para comentar sob o ponto de vista do presente. Para ele, o assunto é evidentemente importante demais para permitir que seus leitores se valham, ainda que momentaneamente, de uma abordagem errada. Ele começa com a forma de ler as Escrituras hoje, a saber, como se estivesse entrando por uma passagem baixa em um templo escuro, que se abre para um grande espaço cujos tesouros permanecem difíceis de discernir. Arrogantes e despreparados não logram atravessar a passagem, que é a linguagem áspera das Escrituras. A Bíblia latina que Agostinho usava nesse tempo teria sido uma tradução aproximada feita nos primeiros dois séculos da Igreja africana, e não a tradução mais ponderada e coerente do quase contemporâneo, Jerônimo, que ficou conhecida como Vulgata. A própria arrogância de Agostinho o afastou, pois ele não conseguia superar o estilo não ciceroniano: Cícero era, na época, considerado o modelo estilístico máximo da prosa latina, além de ser o autor que Agostinho havia julgado tão estimulante. Ele não podia crer que as Escrituras traziam um sentido que ele não conseguia compreender.

Grande parte da técnica de Agostinho para se aproximar da Bíblia está resumida nessa passagem. A atitude mais importante é a humildade: humildade em aceitar o estilo de prosa da Bíblia tal como é, humildade em acreditar na verdade de seus significados e aceitar que nem todos podem ser imediatamente desvelados. Desde alguns de seus primeiros escritos, Agostinho atribuía grande importância a uma frase da versão da Vulgata, tirada a Isaías: "Se não acreditardes não permanecereis [entendereis]" (Is 7,9). Ele a usou como uma frase central na sua pregação e em seus escritos sobre exegese bíblica para explicar como abordar a Bíblia: a fé deve vir primeiro; depois, o entendimento seguirá. Ao mesmo tempo, ele imita aqui sua própria arrogância e suas hierarquizações equivocadas ao escrever usando, em parte, o estilo ciceroniano (o que não é perceptível na tradução), evitando quase inteiramente as referências bíblicas, com as quais a maior parte do latim das *Confissões* é impregnada. A única figura tirada diretamente às Escrituras parece ser o trecho "eu desprezava ser criança", que ecoa o que Cristo disse no Evangelho de Mateus: "se vós não vos converterdes e não vos tornardes como crianças, não entrareis no Reino dos Céus" (Mt 18,3). A repulsa de Agostinho ao estilo da Bíblia é mais um elemento impeditivo que obsta sua conversão ao verdadeiro cristianismo.

O caminho que Agostinho terá de percorrer no curso das *Confissões* já está, assim, traçado em seu primeiro encontro com as Escrituras. Ele não se envolve extensamente com as Escrituras de novo até ouvir a pregação de Ambrósio, que não apenas, como já vimos, começa a mostrar-lhe como ir além do estilo em busca da substância, mas também aponta o caminho para uma técnica de interpretação, para a revelação dos tesouros no templo, por assim dizer. "Isto consegui-o eu por ouvir muitíssimas vezes a interpretação de textos enigmáticos do Antigo Testamento que, tomados no sentido literal, me davam a morte. Expostos assim, segundo o sentido alegórico, muitíssimos dos textos daqueles livros já repreendiam o meu desespero [...]" (5.14.24). Enquanto Agostinho ouvia outros sermões de Ambrósio dirigidos ao público, ele, então, ouviu o princípio fundamental:

> "A letra mata e o espírito vivifica". Removido assim o místico véu, desvendou-me espiritualmente passagens que, à letra, pareciam ensinar o erro (6.4.6).

Agostinho, neste momento, não explica de forma elaborada o que significa, para ele, passar do significado literal para o espiritual. Mas diz que "já atribuía à elevação dos mistérios as obscuridades que na Sagrada Escritura me costumavam impressionar" (6.5.8). Ter simplesmente a humildade de aceitar a noção de mistério como parte da interpretação já é um começo.

Mas Agostinho, conforme sua descrição, ainda sente dificuldade em se aproximar da Bíblia por conta própria. Somente após ficar impressionado pelos "livros dos platônicos" (dos quais trataremos melhor no cap. III, seção 4) é que ele se volta para Paulo: "Desvaneceram-se-me aquelas objeções segundo as quais algumas vezes me pareceu haver contradição na Bíblia e incongruência entre o texto dos seus discursos e os testemunhos da Lei e dos Profetas. Compreendi o aspecto único daqueles castos escritos, e 'aprendi a alegrar-me com tremor'" (7.21.27). Então, ele censura os platônicos por serem "demasiado desdenhosos" para compreender Paulo: "escondestes estas coisas aos sábios e entendidos, e as revelastes aos humildes" (7.21.27).

Em cada um desses três momentos fundamentais em que Agostinho progride na compreensão da Bíblia, é invocado o problema de harmonizar as Escrituras cristãs – o Novo Testamento – com o texto "da Lei e dos Profetas" – isto é, as Escrituras hebraicas, conhecidas pelos cristãos como o Antigo Testamento (5.14.24; 6.4.6; 7.21.27). A forma e a necessidade de ler o Antigo Testamento eram questões importantes: surgiram muitos movimentos no cristianismo que resolveram essa questão de maneiras posteriormente consideradas heréticas. O que Agostinho mostra veladamente é o seu progresso em direção a uma leitura da Bíblia como um todo em um estilo ortodoxo conhecido como supersessionista, isto é, a leitura que deixa de lado a interpretação do Antigo Testamento como história judaica e, em vez disso, interpreta-a como prenúncio de Cristo e das revelações do cristianismo. É isso que as explicações "metafóricas" que ele ouviu na pregação de Ambrósio tornam possíveis: metáforas, nas Escrituras hebraicas, são interpretadas não em seu próprio contexto, mas como prefigurações das metáforas do Novo Testamento.

Depois do *tolle lege*, depois que Agostinho assumiu sua filiação ao cristianismo ortodoxo, depois de renunciar ao cargo de professor e retornar a Milão para se preparar para o Batismo, ele escreve para Ambrósio e pergunta-lhe qual leitura das Escrituras ele recomendaria neste momento.

Ordenou-me que lesse o Profeta Isaías, segundo me parece, por ter vaticinado mais claramente do que qualquer outro o vosso Evangelho e a vocação dos gentios à fé. Mas não o compreendi na primeira leitura e, julgando que todo ele era assim obscuro, deferi a sua repetição [...] (9.5.13).

Isaías realmente deveria ter sido uma introdução fácil às Escrituras hebraicas. Afinal, Cristo, nos Evangelhos, descreve efetivamente a si mesmo e a sua missão com palavras tiradas a Isaías. Mas o progresso de Agostinho em direção a uma leitura correta da Bíblia é penosamente lento. Isso pode não ser apenas uma questão de emprego da narração em retrospectiva. Na verdade, temos uma comovente carta sua, em que ele, prestes a ser ordenado, pede ao bispo uma licença para estudar a Bíblia, pois ele julgava ainda não a conhecer bem o suficiente (*Carta* 21).

É isso que faz sua prece junto ao início do Livro 11, ao iniciar sua profunda interpretação dos primeiros capítulos de Gênesis, que é especialmente comovente.

Purificai os meus lábios e o meu coração de toda a temeridade e mentira. Sejam as Sagradas Escrituras as minhas castas delícias. Que eu não seja enganado nelas, nem com elas engane os outros. [...] Não foi em vão que quisestes que fossem escritas tantas páginas sagradas cheias de mistérios. [...] Oxalá que vos confesse tudo o que encontrar nos vossos livros e ouça a voz dos vossos louvores. Possa eu inebriar-me de Vós e considerar as maravilhas da vossa Lei (11.2.3).

Uma das coisas que Agostinho diz que lhe foi ensinada lendo os "livros platônicos" enquanto lia Paulo foi que "[...] discerniria perfeitamente a diferença que havia entre a presunção e a humildade [...]" (7.20.26). É isso que ele está colocando em prática neste momento. De fato, Agostinho, nas *Confissões* ou alhures, confessa "tudo" que ele encontrou na Bíblia, no sentido de produzir um comentário sobre a sua totalidade. Mas, conforme Maria Boulding aponta, ele ensaia uma espécie de totalidade ao começar com o instante da criação e ao terminar com o sétimo dia, que antecipa a eternidade.

A totalidade que Agostinho não ensaia é a de sua interpretação. Ele abandonou sua busca arrogante pelo domínio dos textos. (Lembremo-nos de sua compreensão instantânea das *Categorias* de Aristóteles e de outras obras clássicas: "que importava ter lido e compreendido, sozinho, pelos 20 anos, a obra de Aristóteles, chamada *As dez categorias*, que me tinha vindo às mãos?" [4.16.30].) Ele aceitou que, na Bíblia, encontram-se "páginas totalmente impenetráveis, obscuras em seus segredos". Ele tenta, com suas novas técnicas de interpretação, fornecer um relato tão completo quanto possível a seu respeito; porém, é obrigado a reconhecer que seu relato nunca estará completo. Se ele tivesse sido Moisés, diz, teria tentado escrever de tal maneira que abarcasse todas as possíveis interpretações verdadeiras, mesmo aquelas que não havia previsto. Segue-se, então, uma notável declaração sobre a ambivalência das Escrituras e da maneira como elas podem se abrir para um conjunto quase infinito de novos significados:

> Assim, quando alguém disser: "Moisés entendeu isto como eu"; e outrem replicar: "Pelo contrário, pensou como eu"; julgo que, com mais piedade, se diria: "Por que não quis ele antes expressar uma e outra coisa, se ambas são verdadeiras?" Se alguém encontrar um terceiro e um quarto ou mais sentidos verdadeiros, por que não acreditaremos que todas estas interpretações as viu Moisés, por meio do qual o único Deus acomo-

dou a Escritura Sagrada à inteligência de muitos que haviam de descobrir nela coisas verdadeiras e diferentes? (12.31.42).

Agostinho percorreu um longo caminho desde que se esforçou pela primazia nas competições oratórias, tendo superado seus professores com tanta facilidade. Sua missão agora não é mais a superioridade, mas a inclusão. Afinal, ele reconheceu que Deus também é inclusivo e que a aparente simplicidade das palavras das Escrituras faz parte da estratégia divina. Elas repelem os orgulhosos, ao passo que se revelam aos humildes.

Não resisto, ao concluir esta seção, a mencionar a encantadora descrição de Agostinho sobre a correta interpretação das Escrituras. Aqueles que desprezam a linguagem humilde das Escrituras, diz ele, são responsáveis, em razão de seu orgulho, por cair do ninho da fé em que foram criados. Ele ora para que os novatos, tolos que são, não acabem espezinhados, e para que algum anjo possa reconduzi-los ao ninho. Porém,

> Outros, para quem estas palavras (da criação) não são já um ninho, mas um vergel cheio de sombra, descobrem nelas frutos escondidos e volitam cheios de alegria, cantando festivamente enquanto buscam e colhem esses frutos (12.28.38).

LEITURA DE APROFUNDAMENTO

Sobre o estilo simples das Escrituras, confira Auerbach (1993). A respeito da velha Bíblia latina, confira McGurk (1994) e Bogaert (2013); para (muito) mais detalhes sobre os manuscritos e sobre o texto dos Evangelhos, confira Burton (2000). Vessey (1993) mostra o progresso de Agostinho em relação à interpretação bíblica (uma versão mais resumida tem-se em BRIGHT, 1999, p. 52-73). Rist (1994, p. 13) trata brevemente da centralidade de Is 7,9 para Agostinho.

7 A linguagem bíblica das *Confissões*

Uma das ironias que se percebe ao mapear o percurso da abordagem bíblica de Agostinho nas *Confissões* é que todo o relato é dado em um tecido da linguagem bíblica. Agostinho já está colhendo o fruto oculto dos bosques sombrios e organizando-o em padrões prazerosos. Ele pode realmente ter acreditado que o estudo dos múltiplos significados e interconexões da Bíblia devesse ser interminável. Por exemplo, ao longo de sua vida, ele escreveu nada menos do que cinco comentários ao Gênesis (um dos quais está contido nos últimos livros das *Confissões*). No entanto, aqui ele está escrevendo em linguagem tecida em profunda conexão com a da Bíblia. Então, enquanto fala de suas dificuldades em abordar e em apreciar a Bíblia, ele está, na maioria das vezes, anunciando, em tom de triunfo, o resultado da dificuldade.

Tão profundamente imbuída da linguagem e das imagens da Bíblia é a linguagem das *Confissões*, que muitas vezes é difícil dizer onde uma citação começa e outra termina. Também é frequentemente difícil desvendar as imagens e ligá-las a passagens específicas da Bíblia, uma vez que ela foi admiravelmente composta formando uma unidade nova e posterior à Bíblia. Em nenhum ponto isso se pode afirmar com mais verdade do que no uso feito dos salmos. As próprias palavras de abertura das *Confissões* são um exemplo: "'sois grande, Senhor, e infinitamente digno de ser louvado'. 'É grande o vosso poder e incomensurável a vossa sabedoria'".

Alguém que não saiba desse detalhe, lendo um manuscrito sem cabeçalho, poderia pensar que estava realmente lendo os salmos, embora se sinta talvez um pouco desconfortável em apontar a exata citação. Isso ocorre porque essas duas primeiras frases fazem referência a quatro salmos, ao passo que nenhum salmo é citado com precisão:

Sl 48,1: Grande é o Senhor e digno de todo louvor.

Sl 96,4: Pois o Senhor é grande, digníssimo de louvor.

Sl 145,3: O Senhor é grande e mui digno de louvor; sua grandeza é insondável.

Sl 147,5: Nosso Senhor é grande e cheio de força; é infinita sua inteligência.

Mas é possível notar que cada uma delas é uma oração afirmativa, ao passo que o clamor de Agostinho é diretamente endereçado a Deus: "sois grande, Senhor, e infinitamente digno de ser louvado". Isso também tem inspiração bíblica, mas não será possível encontrar a fonte em muitas de nossas bíblias em inglês, pois o trecho vem de um livro que não é canônico – em outras palavras, um livro que não é considerado pela Igreja Anglicana. Para Agostinho, no entanto, fazia parte do cânon, e permanece assim nas Igrejas Católica Romana e Ortodoxa Oriental. No Livro de Tobias, depois que Tobias teve seu filho e sua visão restaurada, ele irrompe em uma canção de louvor: "Sois grande, Senhor, na eternidade vosso reino se estende para sempre" (Tb 13,1). Aqui, então, há uma possível inspiração para a premência do clamor direto do início das *Confissões*.

Toda a oração de Tb 13 é, de fato, de imensa importância para os temas das *Confissões*. (Na verdade, a oração é precedida pelo Anjo Rafael, que diz a Tobias: "as obras de Deus, porém, é justo revelá-las e publicá-las" [Tb 12,7].) O leitor se lembrará da estranha frase do nosso excerto 1: "Não estou no inferno e, contudo, também Vós lá estais" (1.2.2). Tobias (13,2) exclama: "Conduzis à mansão dos mortos (*ad inferos*), no mais profundo da terra, e retirais da grande ruína". Embora Agostinho raramente cite literalmente Tobias, todo este livro bíblico, e especialmente o capítulo 13, estão clara e profundamente enraizados em seu imaginário das Escrituras.

Seria possível, por mais que não fosse muito interessante para o leitor, passar por todas as *Confissões* traçando ecos bíblicos dessa maneira. Em vez disso, examinarei atentamente uma passagem curta, na esperança de alertar o leitor para algumas das técnicas, usadas por Agostinho, ao lidar com o texto bíblico em geral. A passagem não é escolhida ao acaso; na verdade, é particularmente densa de referências, porque, segundo suspeito, antecipa em parte a narrativa da primeira abordagem séria da Bíblia feita por Agostinho, a saber, o momento em que ele compara "os livros dos platônicos" a Paulo. Mas isso também se aplica aos três livros de estase relativa (5-7), frequentemente negligenciados, entre a decadência espiritual e emocional do final do Livro 4 e a confusão das histórias de conversão que gradualmente se acumulam até o próprio momento de conversão de Agostinho no Livro 8. Isso mostra que mesmo os momentos menos notáveis da narrativa de Agostinho têm suas próprias riquezas e servem a um propósito expositivo, ainda que oblíquo.

> Mas Vós, Senhor, permaneceis eternamente e não vos irais conosco para sempre porque vos compadecestes da terra e do pó e vos comprazestes em reformar, na vossa

presença, as minhas deformidades. Vós me estimuláveis com um misterioso aguilhão para que estivesse impaciente até me certificar da vossa existência, por uma intuição anterior. O meu tumor decrescia ao contato da mão oculta da vossa medicina. A vista perturbada e entenebrecida da minha inteligência melhorava, de dia para dia, com o colírio das minhas dores salutares (7.8.12).

O tema de fundo que percorre este parágrafo, fortemente oculto até que se pense nas referências bíblicas, é o poder de salvação da encarnação de Cristo. "Vós" é o Deus misericordioso, que "nós" esperamos um dia ver claramente, assim como em 1Cor 13,12, que diz: "no presente, vemos por um espelho e obscuramente; então veremos face a face". "Nós" somos as pessoas deste mundo, sobrecarregados pela nossa carne imperfeita e "deformada", mas que esperamos alcançar a perfeição por meio da encarnação de Cristo. A frase "nós que somos pó e cinza" remete superficialmente a Jó, que se arrepende "sobre o pó e a cinza" (Jó 42,6). Na verdade, lembra mais intensamente a criação de Adão a partir do barro (Gn 2,7), além da subsequente condenação de Adão e Eva quando expulsos do paraíso: "pois tu és pó e ao pó hás de voltar" (Gn 3,19). Abraão também se descreve como "pó e cinzas" quando barganha com Deus o destino de Sodoma (Gn 18,27, que Agostinho também usa no final da primeira oração das *Confissões*). Não há teor de barganha aqui nas *Confissões*, mas a noção da absoluta modéstia do homem diante do poder de Deus é proposital. (Em Eclo 17,32, também se lê que "os seres humanos são todos terra e cinza": trata-se, mais uma vez, de um livro bíblico que apenas algumas vertentes do cristianismo tratam como canônico.) O sentido é claro: "nós" humanos somos literalmente de substância terrena, de forma que nossa carne tornará de volta à terra.

No entanto, recebemos uma "forma" espiritual por meio de Cristo. Como segunda pessoa da Trindade – o *Logos*, ou o Verbo –, sua esfera é toda proporção, harmonia, racionalidade, bem como conhecimento. (Podemos recordar a estrutura tripartida de Deus como o ser, Cristo como o conhecer e o Espírito Santo como o querer ou o amar, ao qual aludi no cap. I, seções 4 e 5, e que se repete diversas vezes na organização do pensamento nas *Confissões*.) Outra maneira pela qual a intervenção de Cristo na vida humana é representada é na forma de um médico ou, por extensão, como o remédio verdadeiro que curará os humanos do pecado: Agostinho abordará esse tema no Livro 9. Aqui, Cristo é o remédio que ameniza o inchaço (o inchaço do orgulho, como vimos no parágrafo anterior) e como uma "pomada urticante para os olhos de uma dor que cura". (A referência original está em Ap 3,18, "ungir teus olhos, a fim de que possas enxergar", mas o tema já havia sido ricamente desenvolvido por escritores cristãos.)

Observe-se também que há dois contrastes fundamentais traçados nesta passagem. Um está entre o eu exterior, o terreno, e o eu interior, o espiritual ("Vós me estimuláveis com um misterioso aguilhão para que estivesse impaciente até me certificar da vossa existência, por uma intuição interior" [...]. "A vista perturbada e entenebrecida da minha inteligência melhorava, de dia a dia [...]"). É o eu espiritual, nesta vida, que se esforça para ver Deus. Quanto ao que vem após esta vida, podemos voltar a Jó (cf. 19,25-27). O outro contraste é o que existe entre a eterna invariabilidade – a "permanência" – de Deus (descrita, mais uma vez, na linguagem dos salmos), e a luta e a mudança constantes da humanidade. Deus está sempre lá para ser visto; a questão é saber se nós, o "pó e as cinzas", alcançamos o estado espiritual para ver Deus.

A questão não é que todas essas referências, além daquelas que eu escolhi não narrar ou que simplesmente não identifiquei, devam ser imediatamente perceptíveis, ou que rastreá-las é pressuposto necessário para compreender a passagem. É que a linguagem e a textura intertextual das *Confissões* estão muito ligadas à linguagem da Bíblia, e, consequentemente, à medida que alguém se concentre em uma passagem, pode surgir um nexo de intertextualidade cada vez mais rico. E isso ocorre já na tradução; imagine-se, por outro lado, como quase toda palavra latina pode esconder alguma associação.

Já mencionei a inusitada seção das *Confissões* na qual Agostinho diz como ele teria composto a Bíblia se fosse Moisés. É a seguinte:

> Quereria eu, se então estivesse em lugar de Moisés – pois vimos todos da mesma massa [...] – se eu fosse o que ele foi, e Vós me tivésseis encarregado de escrever o Gênesis, eu quereria receber de Vós uma tal arte de expressão e uma tal modalidade de estilo que, até esses que não podem compreender como é que Deus cria, se não recusassem a acreditar nas minhas palavras por ultrapassarem suas forças. Eu quereria que aqueles que já são capazes desta compreensão, se acaso, refletindo, chegassem a qualquer outra doutrina verdadeira, a pudessem encontrar consignada nas poucas palavras do vosso servo. E se, à luz da verdade, a outro se representasse diferente opinião, eu desejaria que a pudesse também aí encontrar (12.26.36).

"Se eu fosse Moisés" parece um ponto de partida extraordinariamente arrogante. Mas Agostinho deixa claro que a principal divisão é aquela entre o ser humano – argila, pó, cinzas e barro – e Deus. Os seres humanos, que estão confinados a se comunicar fazendo uso do meio inadequado das palavras, devem tentar tornar suas palavras tão amplas quanto possível. Esta passagem não é apenas uma descrição de como Agostinho considera que o Gênesis foi composto. Também é, segundo penso, algo programático para sua própria escrita. Ela descreve o estilo em que ele próprio tentou compor as *Confissões*. A nós cabe tentar lê-las adequadamente.

Isso não quer dizer que Agostinho não teria considerado blasfêmia atribuir a mesma autoridade às *Confissões* que ele concedeu às Escrituras. Ele reflete, com reverência, a respeito da profundidade destas: "olhar para essa profundidade me faz estremecer, mas é o estremecimento de reverência, o tremor do amor". E então, diz com uma veemência que lhe é incomum,

> Odeio com veemência os seus inimigos [das Escrituras]. Oh! Se os matásseis com uma espada de dois gumes, para que desaparecessem! O meu desejo era vê-los morrer a si mesmos, a fim de viverem para Vós! (12.14.17).

Percorremos, como já disse, um longo caminho desde as escolas e as competições de oratória. A linguagem da Bíblia é a estrela-guia de Agostinho. Com isso, ele espera atrair multidões a seguir seus passos, de forma que elas se voltem para Deus.

Excerto 2

O firmamento como Bíblia (13.15.16; 18)

A centralidade da Bíblia para Agostinho e para suas *Confissões* atinge um clímax nessa passagem notável, que ocorre no meio do livro final das *Confissões*. Mais uma vez, eu acentuei o texto em latim, indicando a sílaba tônica para facilitar a leitura em voz alta.

Mais algumas dicas sobre pronúncia. "A" por si só (como em *a terréna corruptióne*) é pronunciado de forma aberta. As duas letras "au", juntas em uma palavra (*láudent*, p. ex.), formam um ditongo e são pronunciadas "au". Ainda, para lembrar, "ae" é também pronunciado como ditongo.

[16] Aut quis nísi tu, déus nóster,	Mas quem senão Vós, Senhor,
fecísti nóbis firmaméntum auctoritátis	estendeu sobre nós o "firmamento" de autoridade
súper nos in scriptúra	para nosso proveito da vossa
túa divína?	divina Escritura?
Cáelum énim plicábitur ut líber	"O céu será dobrado como um livro"
et nunc sícut péllis exténditur	e agora se estende como um pergaminho
súper nos.	sobre as nossas cabeças.
Sublimióris énim auctoritátis est	Da mais sublime autoridade goza
túa divína scriptúra, cum iam	a vossa divina Escritura depois que
obiérunt ístam mórtem ílli	encontraram a morte aqueles

mortáles per quos éam
dispensásti nóbis.

Et tu scis, dómine, tu scis,

quémadmódum péllibus indúeris

hómines, cum peccáto mortáles

fíerent.

Únde sícut péllem extendísti

firmaméntum líbri túi, concórdes

útique sermónes túos, quos per

mortálium ministérium

superposuísti nóbis. [...]

[18] Sunt áliae áquae súper hoc

firmaméntum, crédo, immortáles

et a terréna corruptióne secrétae.

Láudent nómen túum,

láudent te supercaeléstes pópuli

angelórum tuórum, qui non ópus

hábent suspícere firmaméntum

hoc et legéndo cognóscere

mortais, por quem a
dispensastes a nós.

Vós, Senhor, sabeis

como vestistes de peles

os homens, ao, pelo pecado, mortais

se tornarem.

Pelo que, desdobrastes como um
pergaminho

o firmamento do vosso livro. Con-
cordes

em tudo, desenrolastes os vossos
oráculos, que

por meio do ministério de homens
mortais

dispusestes acima de nós. [...]

Há outras águas sobre este

firmamento que, segundo creio, são
imortais

e isentas de toda a corrupção terrena.

Que elas louvem o vosso nome!

Que vos bendigam os povos su-
pracelestes

de vossos anjos, que não necessidade

têm de olhar este firmamento

nem de conhecer, pela leitura,

vérbum túum.

a vossa palavra!

Vídent énim fáciem túam sémper, et

Eles veem continuamente a vossa face

íbi légunt síne sýllabis témporum

e percebem, sem o auxílio de sílabas que passam,

quid vélit aetérna volúntas túa.

a vossa vontade.

Légunt éligunt et díligunt;

Sim, percebem-na, elegem-na e amam-na.

sémper légunt et númquam

Aprendem continuamente, e nunca

práeterit quod légunt.

esquecem o que aprendem.

Eligéndo énim et diligéndo

Elegendo e amando,

légunt ípsam incommutabilitátem

leem a imutável estabilidade

consílii túi.

de vossas resoluções.

Non cláuditur códex eórum nec

Os seus códices não se fecham nem

plicátur líber eórum, quía tu ípse

os seus livros se cerram porque Vós mesmo

íllis hoc es et es in aetérnum,

sois eternamente o seu livro,

quía súper hoc firmaméntum

já que acima deste firmamento

ordinásti éos, quod firmásti súper

estabelecestes os vossos anjos, por Vós assente sobre

infirmitátem inferiórum populórum.

a fraqueza dos homens [...]

.

O latim aqui é claramente mais "normal", em alguns aspectos, do que o do excerto 1. Por exemplo, pode-se notar imediatamente que há mais palavras polissilábicas, em oposição ao predomínio de monossílabos curtos que ouvimos antes. As frases são distribuídas de maneira mais rica e suave. E, embora existam alguns padrões de repetição, eles são menos marcados do que antes: o "bom" latim tende a favorecer a variação e o uso de sinônimos, em vez de insistir na repetição exata.

Uma peculiaridade é admiravelmente consistente entre as passagens (devo observar que isso não é uniforme para as *Confissões* como um todo): o uso de termos gramaticais desprovidos de sentido, de pronomes pessoais e de pronomes possessivos no final das frases. Aqui, vemos *nos* [...] *nobis* [...] *nobis* no § 16 – isto é, todas as formas da palavra "nós" –, que são respondidas por *tuum* [...] *tuum* [...] *tua* [...] *tui* no § 18 – todas significando "teu". A conversa com Deus e a relação com Ele continuam sendo de importância primordial. Mas, agora, respondendo ao magnífico momento de recapitulação e inclusão do início do Livro 11, não se trata somente de uma conversa entre "eu" e "Vós", mas entre "nós" e "Vós". Ou melhor, é entre "nós" e a "vossa" Palavra. Pois é o Deus lido, reconhecido e compreendido por meio de suas palavras constantes da Bíblia que está no centro dessa passagem, além da promessa futura de uma ação eterna de leitura, desprovida de palavras.

As imagens nesta passagem e as conexões que elas possibilitam são o que torna notável o pensamento aqui. A ideia estruturante provém de Gn 1,6-7 – "Deus disse: 'Faça-se um firmamento entre as águas, separando uma das outras'. E Deus fez o firmamento. Separou as águas que estão debaixo do firmamento das águas que estão por cima do firmamento". (Algumas edições usam *domo* em vez de *firmamento*.) Mas o elo entre esse firmamento e a "Escritura divina" de Deus é próprio de Agostinho. "Os céus serão enrolados como um livro", diz Isaías (34,4). Para Agostinho, esse rolo, ou livro, é a Bíblia. Assim como olhamos para o céu em busca de um sinal de Deus, olhamos para as Escrituras. O momento em que não precisarmos mais das Escrituras será quando virmos Deus face a face, como fazem os anjos.

Tanto os livros como as tendas – evocados por meio do "toldo" do céu (Sl 104,2) – eram produzidos a partir de peles de animais curtidas e esticadas à época de Agostinho. E assim ele pode ligar essas peles às que vestiram Adão e Eva após a queda, ocultando sua nudez. Esse é o momento em que adentraram a mortalidade e a condição humana do pudor: tirar a roupa, rolar o céu e fechar a Bíblia são referências ao momento em que os humanos retornarão da mortalidade para a vida eterna. É por isso que (na tradução de Boulding) "vossa Escritura Divina alcançou uma autoridade ainda maior agora que os escritores, mortais por quem Vós no-la oferecestes, morreram": porque eles anteciparam esse momento final de enrolar e fechar o livro. Eles perderam a pele da mortalidade.

As águas acima e abaixo dos céus serão reunidas no fim dos tempos, e a humanidade se juntará aos anjos, contemplando para sempre a face de Deus. Esta será a única palavra de que eles precisarão, a palavra, que também é Cristo, e que é lida à face de Deus. Não podemos imaginar, de fato, uma palavra eterna, imutável, fora do tempo, ou uma palavra sem sílabas. O paradoxo da noção mostra como essa é a palavra que vai além do limite das palavras.

O latim, sonoro e comedido, faz-se valer à força neste momento: *Légunt éligunt et díligunt.* A força está um pouco perdida na tradução: "Eles leem, escolhem e amam". O mesmo acontece com a brevidade da expressão. Todos os três verbos são baseados na mesma raiz, *légere*, que significa "ler" ou "colher". (Lembre-se da ordem da criança dada a Agostinho no jardim de Milão: *tólle lége*.) Quando Agostinho segue, ao dizer "eles sempre leem" ("*sémper légunt*"), começamos a ver que ele está fazendo. A partir da imagem dominante da leitura – leitura primeiro da Escritura, depois do próprio rosto de Deus – ele construiu uma imagem da Santíssima Trindade e da maneira pela qual a Trindade é espelhada pelos anjos, sempre atentos. "Eles o leem sempre", e isso reflete a presença eterna e imutável de Deus. "Eles escolhem": na escolha (*eligéndo*) vemos a Sabedoria, que é Cristo. (Esse é outro paradoxo profundo: o que pode significar estar sempre no processo de escolha? No entanto, vemos nisso novamente a eterna atenção a Deus manifestada pelos anjos.) "Eles amam", e aqui está o amor que é representado e inspirado pelo Espírito Santo.

Essa Trindade é antecipada por um trio mais visível (apontado por O'Donnell) nas orações anteriores: "vosso rosto" (Deus, o pai), "vosso verbo" (Cristo, o filho), "vossa eterna vontade" (o Espírito Santo). Observe-se como o pronome possessivo "vosso", único e singular, une todos eles: três em um.

A passagem termina com um conjunto de ideias relacionadas que são, mais uma vez, obscurecidas na tradução: *quía súper hoc firmaméntum ordinásti éos, quod firmásti súper infirmitátem inferiórum populórum* ("acima deste firmamento estabelecestes os vossos anjos por Vós assente sobre a fraqueza dos homens"). Firmamento é *firmaméntum*, algo sólido e firme, estabelecido para fortalecer ou apoiar: neste caso, apoiar as águas acima do firmamento. (Mais adiante, no § 16, Agostinho usa a palavra *solidaméntum* como uma alternativa ao *firmaméntum*.) Deus que criou esse firmamento: *firmásti* – uma escolha específica da palavra, considerando que *formásti*, "tu formaste", teria sido igualmente apropriado. Por fim, a humanidade mortal é marcada como pertencente ao estado oposto a Deus: o *in-* no início do *infirmitátem* nega o "firme". Deus estrutura fortemente o sólido apoio dos céus, ao passo que a humanidade, em sua fraqueza, permanece abaixo dos céus. Somente quando o *firmaméntum* não for mais necessário, a humanidade se libertará da fraqueza da mortalidade e unir-se-á a Deus e aos anjos na força da imortalidade.

112

III

A CRIAÇÃO E O MUNDO SENSÍVEL

1 Linguagem e som

Não é apenas a linguagem que é tão importante para Agostinho: o som da linguagem também é crucial. Mencionamos essa questão em nossa discussão dos dois excertos em latim das *Confissões*, e por isso eu insisti na necessidade de lê-los em voz alta. No início da amizade entre Agostinho e o bispo Ambrósio de Milão, Agostinho o encontrou lendo em silêncio: "[...] sempre o via ler em silêncio e nunca de outro modo. Assentava-me e permanecia em longo silêncio – quem é que ousaria interrompê-lo no seu trabalho tão aplicado?" (6.3.3). A óbvia surpresa de Agostinho e as várias explicações que ele propôs para a leitura silenciosa de Ambrósio não revelam, como já foi sugerido, que essa prática lhe era desconhecida, mas simplesmente que, para ele, linguagem e som eram mais ou menos inseparáveis.

Consideremos a admirável leitura do Salmo 4 que Agostinho nos dá próximo ao início do Livro 9. Ele acabou de narrar o momento arrebatador de sua conversão no jardim de Milão, bem como o deleite de sua mãe com a notícia. Ele nos contou sua decisão de se afastar da carreira secular e, agora, eufórico com seu novo compromisso, ele se lança na leitura dos salmos. Mas essa leitura está muito longe da contenção silenciosa de Ambrósio.

> Que exclamações elevei até Vós, meu Deus, ao ler os Salmos de Davi [...]! Quantas exclamações proferia na leitura desses salmos e como me inflamava com eles, no vosso amor, desejando ardentemente recitá-los a toda a terra, se me fosse possível, para rebater o orgulho do gênero humano (9.4.8).

Cada parte da leitura dessa passagem é diferente, mas todas são ruidosas. Primeiro, Agostinho clama a Deus, presumivelmente em suas próprias palavras, juntamente com sua leitura dos salmos. Então, ele passa a clamar com as palavras dos próprios salmos. Depois, ele se dirige para o exterior, proclamando os salmos para o mundo. É aí que ele reconhece que "o mundo" já estava lá antes dele e já estava cantando os salmos. Mais tarde, Agostinho dirá: "tremi ao ouvir essas palavras [do salmo]". Afinal, ler implica ouvir [*hearing*].

Além disso, ler implica ouvir [*over*hearing]. Agostinho realmente expressa o desejo de que sua leitura do Sl 4 seja ouvida [*overheard*] pelos maniqueístas:

> Oxalá me tivessem ouvido – sem eu o saber – para que não pensassem que era por causa deles que eu pronunciava aquelas palavras com que entrecortava os salmos. Efetivamente não as teria proferido nem as entoaria daquela maneira, se percebesse que era visto. Nem eles, se eu as dissesse, as teriam recebido tais como as pronunciei comigo quando, com familiar afeto à minha alma, me dirigi a mim mesmo, na vossa presença (9.4.8).

Em nenhum outro lugar das *Confissões* vemos a angústia de Agostinho em relação ao seu passado maniqueísta e às suas antigas afiliações expressa de maneira tão marcada. (O'Donnell observa que a forma dessa leitura é "marcada a cada passo pela distância que separa seu eu convertido do seu antigo eu maniqueísta" [1992 III: 94].) Ele tenta amenizar a angústia com o que devia considerar uma leitura exemplar do Sl 4, isto é, uma leitura repleta de paradoxos baseada em sua própria concepção, pois o salmo é escrito como uma *performance*, por mais "íntima" que deva ser. Nós, leitores de hoje e de ontem, somos o público dessa *performance*. Mas, na esperança de que ele não soubesse que os maniqueístas o estavam ouvindo, Agostinho expressava caprichosamente o desejo de que o "nós" incluísse os maniqueístas.

Teremos mais a dizer sobre a presença marcante dos maniqueístas mais adiante neste capítulo. Por enquanto, observe-se quão ativa e sonora é a leitura desse salmo por Agostinho. (O relato se estende de 9.4.8 a 9.4.11.) Ele estremece, ele treme, ele se enfurece, ele grita de alegria. Ele usa linhas e frases do salmo como trampolins para sua autorreflexão. Ele os usa como um ventríloquo para responder ou desafiar o público infamante, que pode ou não ouvi-lo. No final, porém, ele é forçado a reconhecer que a leitura do salmo ajuda apenas a ele mesmo: "eu lia inflamado em fervor e não encontrava o que havia de fazer a esses surdos-mudos, de quem eu fora a peste [...]" (9.4.11). Assim como o próprio Agostinho necessitou, eles também precisam da intervenção da graça divina. Sua impenetrabilidade às palavras de Deus nas Escrituras prova que eles não são cegos, mas surdos: eles não conseguem ouvir Deus. Ouvir a voz de Deus nas Escrituras é fundamental: o conceito é quase expresso literalmente no final das *Confissões*, quando Agostinho conclui seu comentário a respeito da criação: "Vós o dizeis com voz forte ao ouvido interior do vosso servo, rompendo a minha surdez e exclamando: 'Homem, o que a minha Escritura diz, Eu o digo'" (13.29.44).

Linguagem e sonoridade são inseparáveis para Agostinho. Há indícios disso em todas as partes das *Confissões*, indo além da atenção que Agostinho presta à sonoridade da linguagem em sua composição. Agostinho usa repetidamente a sonoridade da linguagem para argumentar ou para criar uma metáfora. Por exemplo, em uma tentativa de ilustrar retrospectivamente o caráter uniforme da justiça dispensada por Deus, mesmo quando ela não parece ser uniforme em momentos diversos, ele faz uso da analogia com sua própria composição e *performance* de poesia:

> Declamava versos e também não me era lícito colocar um pé onde me aprouvesse, mas sim conforme as exigências do metro e ainda num só verso não podia meter o mesmo pé em todas as partes. A própria arte da prosódia, *segundo a qual recitava*, não constava de uma coisa aqui, outra ali. Pelo contrário, constituía um conjunto de regras (3.7.14; destaquei).

O ponto em questão é a preservação da consistência métrica geral, apesar da variação interna. O pressuposto é de que a poesia é escrita para ser executada em voz alta, isto é, para ser ouvida. Novamente, quando Agostinho busca uma metáfora para explicar a transitoriedade dos seres individualmente criados dentro da completude da criação geral de Deus, ele usa a sonoridade da linguagem: "é assim que as conversas se completam por meio de sinais sonoros. Não existiriam na sua totalidade se cada palavra, depois de emitidas as sílabas, não se extinguisse, para outra lhe suceder" (4.10.15). Mais famosa é a passagem do Livro 11, em que Agostinho menciona o relato de cantar um hino para tentar expressar a passagem do tempo; de fato, a capacidade humana de lembrar e manter um hino inteiro em mente enquanto se canta cada uma de suas palavras é a melhor analogia que Agostinho pode propor para o relacionamento de Deus com o universo criado – e, por tudo isso, ele rapidamente se distancia de sua sugestão ("Vosso conhecimento diverge muito do nosso. É extraordinariamente mais admirável e incomparavelmente mais misterioso" [11.31.41]). Ele deve ter percebido quão cativante seria a imagem do universo como um hino na mente de Deus.

Talvez o uso mais notável para o qual Agostinho destaca a sonoridade esteja no Livro 12. Ele está se debatendo com o paradoxo do início do Gênesis: como é possível dizer "no princípio, Deus criou o céu e a terra", e então, o relato prossiga dizendo que "a terra estava deserta e vazia"? (Gn 1,1-2). E então, como seria possível que "ao solo firme Deus chamou 'terra'" (Gn 1,10) apenas no terceiro dia? Qual é o momento da criação da terra: o primeiro dia ou o terceiro? Agostinho conclui que "ao princípio a matéria era informe e que depois [Deus] a dotara de uma forma" (12.29.40), mas se sente obrigado a tentar explicar melhor o que isso poderia significar. Buscando uma analogia, ele encontra a noção de que "o som precede a música":

> [...] não entoamos em primeiro lugar sons informes, independentemente do canto, para em seguida os ligarmos e dispormos em forma de melodia [...]. Quando se canta, ouvimos o som, mas este não soa primeiro desarmoniosamente para, em seguida, receber a forma do canto. [...]. Por conseguinte, o canto é constituído pelo próprio som que é a sua matéria (12.29.40).

A precedência do som sobre a música, explica Agostinho, não é uma prioridade temporal, porque os dois são ouvidos simultaneamente; nem é a prioridade da criação: o som não tem poder generativo, não cria a música. A prioridade também não é uma questão de preferência: não se escolheria som sobre música. "[...] a matéria (o som) é anterior à forma que é o canto. [...] [O som] é anterior na origem, porque o canto não é formado para que seja um som, mas o som é formado para que seja canto" (12.29.40). É assim que a matéria sem forma precede a forma: as duas existem simultaneamente, mas a sem forma é logicamente anterior à formada.

Parece-me que essa analogia só ocorreu a Agostinho porque ele estava muitíssimo ciente do som da voz humana, seja na música, seja na fala. (Os dois, é claro, estão muito ligados para Agostinho, que, como vimos, escreveu sobre cantar a poesia, e cuja prosa está profundamente entrelaçada com a linguagem dos salmos que ele cantava todos os dias.) Como ele admite, "os prazeres do ouvido prendem-me e subjugam-me com mais tenacidade" (10.33.49). Mesmo no momento de escrever as *Confissões*, ele se preocupa com a facilidade com que é atraído pela sonoridade dos salmos cantados. Mas essas angústias são suscitadas no decurso da discussão a respeito da sedução dos sentidos de maneira mais geral, e é a essa relação sensual mais completa do ser humano com a criação que nós agora nos dirigiremos.

LEITURA DE APROFUNDAMENTO

A respeito da sonoridade e do escutar na Igreja primitiva, confira Harrison (2013). Para as *Confissões*, confira Conybeare (2012b). Sobre a questão da leitura silenciosa, confira Gavrilov (1997).

2 Percepção sensorial e perversão do sentidos

No meio do Livro 10, depois de ter concluído sua investigação a respeito da memória, Agostinho se acalma para proceder a uma oração. Ela começa com algumas das palavras mais conhecidas das

Confissões. Em latim, as palavras estão estranhamente alinhadas, e a sintaxe é desajeitada, de forma que se chama a atenção para as imperfeições do falante. Na tradução, a oração soa muito melhor:

> Tarde vos amei, ó Beleza tão antiga e tão nova, tarde vos amei! (10.27.38)
> (em latim: *Séro te amávi, pulchritúdo tam antíqua et tam nóva, séro te amávi*).

Como sempre, as propriedades sonoras das palavras são importantes. Agostinho acaba de observar o quão difícil é para as pessoas ouvirem o que Deus quer, em vez de tentar ajustar aquilo que elas ouvem aos seus próprios desejos. Deve ser por isso que, adiante na oração, ao esboçar as formas pelas quais Deus o alcança por meio de seus sentidos, é o ouvir, e não o ver, que vem mencionado primeiro:

> Porém me chamastes com uma voz tão forte que rompestes a minha surdez! Brilhastes, cintilastes e logo afugentastes a minha cegueira! Exalastes perfume: respirei-o suspirando por Vós. Eu vos saboreei, e agora tenho fome e sede de Vós. Vós me tocastes e ardi no desejo da vossa paz (10.27.38)

Eis a perfeição dos sentidos, que ocorre quando eles são arrebatados por Deus, despertados, com vistas a alcançar, em sua direção, uma nova intensidade. Audição, visão, olfato, paladar e tato: cada um é purificado e reorientado na direção de Deus.

Pois são os sentidos que são o canal entre o divino e o mortal, são eles que permitem os graus mais altos e mais baixos de experiência. Portanto, usar os sentidos corretamente é de extrema importância. Agostinho continua sua argumentação no Livro 10, observando cada um dos sentidos e mostrando como, mesmo depois de ter optado por dedicar-se a Deus, eles são vulneráveis à perversão. O toque está associado ao desejo sexual, tanto ao desejo de contato carnal como ao olhar de desejo sexual. Agostinho confessa que, embora possa erradicar esse desejo de sua vida quando acordado, ele ainda é dominado por sonhos sexuais. (Compare-se isso com a oração à Beleza, que diz "queimei por tua paz": sexo, para Agostinho, é exatamente o oposto da paz, uma busca agitada, descontente e insatisfatória.) O gosto é ainda mais vulnerável, pois Agostinho ainda precisa comer: ele não pode simplesmente eliminar a necessidade da alimentação de sua vida. Como pode ter certeza de "tomar os alimentos só como remédio" (10.31.43) e não se esbaldar com seus sabores? Ou de estar simplesmente na transição da fome para a saciedade? "Esforço-me todos os dias por resistir a estas tentações" (10.31.47). O olfato é menos problemático, embora "ninguém se deve ter por seguro nesta vida que toda ela se chama tentação" (10.32.48). Aos prazeres associados à audição, Agostinho é, como agora esperaríamos, particularmente suscetível. Esses prazeres não podem ser postos de lado nas horas de sono ou durante refeições, pois fazem parte da liturgia. Agostinho teme sentir-se tão empolgado com o som dos salmos enquanto são cantados, que ele presta mais atenção à música do que às palavras e, ainda assim, reconhece que a música é uma maneira de atrair os descomprometidos com a fé: "pelos deleites do ouvido, o espírito, demasiado fraco, se eleve até os afetos de piedade" (10.33.50). Finalmente, o mais difundido de todos os prazeres sensoriais é o da visão. "A própria rainha das cores, esta luz que se derrama por tudo o que vemos e por todos os lugares em que me encontro no decorrer do dia, investe contra mim de mil maneiras e acaricia-me" (10.34.51). Podemos admirar objetos belos e elevarmo-nos por meio dessa admiração à Beleza transcendente, que Agostinho só logrou amar tão tardiamente. Mas sempre há a tentação de se deixar envolver pela beleza material e de pôr de lado a ascensão à transcendência. As distrações da visão também não se limitam apenas à beleza terrena: o horrível (como um cadáver mutilado, p. ex.), o sensacional, ou algo tão cotidiano como uma aranha pegando moscas, pode chamar a atenção e deixar o espectador em um estado de curiosidade vã. A curiosidade é, para Agostinho, junto do orgulho, o pior dos estados humanos. Afinal, se, de um lado, o orgulho leva o ser humano a desconsiderar Deus, por equiparar-se a Ele, a curiosidade, por outro lado, distrai sem razão a contemplação de Deus por sua criação. Cada um deles é uma porta de entrada para desejos mais baixos.

Em retrospecto, podemos ver que Agostinho nos preparou ao longo das *Confissões* para esse exame sistemático dos sentidos, especialmente os do tato e da visão, como portais da perversão. As armadilhas do toque, manifestadas pelas relações sexuais, são narradas clara e repetidamente, enquanto ele luta para ir além delas. Realiza, então, uma famosa oração: "dai-me a castidade e a continência; mas não já" (8.7.17). Mesmo enquanto ele está no jardim de Milão, lutando para se comprometer com o cristianismo, "retinham-me preso bagatelas de bagatelas, vaidades de vaidades [...], que me sacudiam o vestido carnal e murmuravam baixinho: 'Então despede-nos?'" (8.11.26). Quão conveniente é o fato de ele ter experimentado as últimas tentações do sexo como um toque insistente e um murmúrio sedutor!

As armadilhas da visão, e especialmente as da curiosidade, são ilustradas de forma menos óbvia. Mas quando, no início do Livro 3, Agostinho chega a Cartago para continuar sua educação, não são apenas "os rumores de casos amorosos escandalosos" que ele acha irresistivelmente tentadores, mas as apresentações de teatro:

"arrebatavam-me os espetáculos teatrais, cheios de imagens das minhas misérias e de alimento próprio para o fogo das minhas paixões" (3.2.2). O relato que ele dá dessas imagens é muito parecido com o relato do Livro 10, em que menciona pessoas reunidas para encarar um cadáver mutilado: encontra-se um prazer intenso e perverso ao assistir a cenas que evocam dor. A curiosidade da visão provoca emoções culposamente desordenadas.

A questão é mais claramente apresentada não no relato de Agostinho, mas em uma história de seu amigo Alípio. No curso das *Confissões*, Alípio, que também é da cidade natal de Agostinho, Tagaste, e também estudou em Cartago (inclusive tendo aulas com o próprio Agostinho, além de pertencer ao grupo que acompanhou Agostinho do Norte da África à Itália), serve por vezes como antípoda de Agostinho. Afinal, Alípio é a contraparte mais jovem e naturalmente virtuosa de Agostinho. Acima de tudo, ele não compartilha das tentações de Agostinho pelo sexo, tendo se afastado em razão de uma má experiência no início da adolescência (6.12.21). Além disso, ele julga ser imune às tentações dos jogos de gladiadores, a que assiste com amigos, mas mantendo os olhos fechados... até que, de repente, "um grande clamor saído de toda a multidão sobressaltou-o terrivelmente: vencido pela curiosidade [...] abriu os olhos. [...] Não se retirou do espetáculo, antes se fixou nele" (6.8.13). É a curiosidade que descompõe Alípio, levando-o a abrir os olhos e transportando-o com sede de sangue para junto do resto da multidão. (Aliás, a única coisa que leva Alípio a se casar é também a curiosidade: 6.12.22.)

Há uma passagem que confunde particularmente muitos leitores das *Confissões*. Ela ocupa a maior parte do Livro 2: trata-se de um relato de Agostinho, de como ele e seus amigos roubaram algumas peras pouco apetitosas, seguido por sua reflexão a respeito dos seus possíveis motivos. Superficialmente, lembra Eva colhendo a maçã no jardim do Éden, mas o paralelo não está realmente desenvolvido. De fato, o episódio reúne três das preocupações mais importantes das *Confissões*: o orgulho equivocado e o apego à glória mundana (um dos nossos temas no cap. II), a perversão da amizade (a ser discutida no cap. IV) e a perversão dos sentidos, especialmente, mais uma vez, da visão e do toque (Agostinho lista esses temas em 2.5.10). O mau uso da visão e do toque continuam a preocupação da primeira parte do Livro 2, em que Agostinho está se debatendo no meio das suas concupiscências adolescentes. Na verdade, o roubo das peras parece ser também uma metáfora do desejo sexual vergonhoso e indiscriminado, embora carecesse "desta defeituosa sombra de formosura com que os vícios seduzem" (2.6.13).

Por qual razão Agostinho nos apresenta repetidas vezes essas imagens exageradas da perversão dos sentidos? Porque ele nunca se esquece de que é um ser sensorial e corporificado entre outros seres do mesmo tipo. Afinal, o modo pelo qual os sentidos são usados é de suma importância. É por meio dos sentidos que podemos obter sinais de Deus. É por meio dos sentidos que podemos ser afastados de Deus. O Livro 10 finda com uma representação de Cristo, o mediador, o intermediário entre Deus e a humanidade: mortal e divino, humilde e louvado. Se Cristo assume um corpo humano, quem somos nós para rejeitá-lo?

Isso coloca Agostinho em uma posição complicada. "Tarde vos amei, ó Beleza tão antiga e tão nova, tarde vos amei!" Mas ele crê que o amor não possa ser alcançado nesta vida sem que se leve em conta o corpo. Ao mesmo tempo, ele tem de evitar recair nas crenças dos maniqueístas, que pensavam que tudo deveria ser explicado em termos materiais.

LEITURA DE APROFUNDAMENTO

Há uma excelente discussão sobre o compromisso filosófico de Agostinho com o corpo em Rist (1994, p. 92-147). Para leituras alternativas do episódio das peras, confira Wills (2002-2003) e Shanzer (1996). Conybeare (2016b) aborda Agostinho e o tato; Toner (2015) discute o olfato no cristianismo antigo, embora sem referência a Agostinho; e outros livros da mesma série, "Os Sentidos na Antiguidade", explorarão os outros sentidos.

3 Maniqueísmo e materialidade

As *Confissões* são assombradas pela antiga aderência de Agostinho ao maniqueísmo. Aludimos repetidas vezes a esse fato. Agora é hora de fazer uma pausa e explorar o que isso realmente significa.

Agostinho, de acordo com o seu relato, ficou vulnerável aos maniqueístas em razão de sua incapacidade de apreciar a Bíblia cristã.

> Caí assim nas mãos de homens orgulhosamente extravagantes, demasiado carnais e loquazes. Havia na sua boca laços do demônio e um engodo, preparado com a mistura de sílabas do vosso nome, do de nosso Senhor Jesus Cristo e do Paráclito consolador, o Espírito Santo (3.6.10).

Nunca se imaginaria, a partir dessa descrição, que esses "homens orgulhosamente extravagantes" foram seus principais companheiros por cerca de uma década. Foram esses seus companheiros que, por exemplo, receberam-no quando ele veio a Roma em 383. Não se poderia imaginar tampouco que ele estava ansioso por que seus amigos da fase anterior à maniqueísta seguissem-no para a sua nova fé. Nem se poderia imaginar, por fim, que a "bagunça" de nomes da Trindade representava, para Agostinho, algo que, por muito tempo, parecera um cristianismo mais bem fundamentado filosoficamente.

O maniqueísmo foi fundado em meados do século III por Mani, originário de uma comunidade judaico-cristã do Império Parta, aproximadamente localizado no Irã moderno, e que, após um período de proselitismo, estabeleceu sua Igreja na margem oeste do Tigre, no Iraque moderno. Embora o maniqueísmo sempre tenha sido uma religião minoritária, os esforços missionários na época de Agostinho haviam sido incrivelmente bem-sucedidos: havia maniqueístas por toda a parte oriental da Bacia do Mediterrâneo, além de se estenderem pela Península Arábica até o Sudeste da Índia. Eles eram particularmente influentes no Egito, mas se espalharam por todo o Norte da África e, como vimos, até a Itália. Parte do vigor do maniqueísmo parece ter se dado devido à combinação de uma mensagem central muito consistente com adornos externos de fácil adaptação. Nas regiões cristãs, os elementos cristãos vinham à frente; mais a Leste, a religião se assemelhava mais ao zoroastrismo; quando, mais tarde, o maniqueísmo se espalhou para a China, assumiu algumas das características e dos padrões de pensamento do budismo. No entanto, as pessoas de Deus e Jesus estavam sempre no centro da narrativa maniqueísta. Quanto ao Espírito Santo, Mani insistia em que estava falando por meio dele.

Assim, quando Agostinho se filiou ao maniqueísmo no início da década de 370, este lhe parecia uma versão do cristianismo. Além disso, podemos imaginar que um jovem, cuja primeira obra publicada foi um diálogo filosófico, hoje perdido, intitulado *Da beleza e do harmônico*, estava muito preocupado com o modo pelo qual os fenômenos se encaixavam e faziam sentido no mundo de Deus. Em outras palavras, com o problema do bem e do mal. A mensagem central dos maniqueístas parecia fornecer uma resposta para esse problema. Mani havia ensinado que, em vez de haver um Deus onipotente e benéfico, o universo estava dividido em forças de Luz e de Trevas. Cada uma era eterna, cada uma era puramente material – daí, aliás, o fato de Agostinho descrever os maniqueístas como "excessivamente carnais". Em algum momento, as forças das Trevas atacaram as da Luz e as engoliram. A solução do Deus à frente das forças da Luz foi criar o universo, que, embora composto de matéria clara e escura, proveria o mecanismo para a liberação gradual das forças da Luz. No atual período da história humana, o trabalho dos seguidores de Mani era facilitar essa liberação por meio de regras rígidas sobre práticas alimentares e de ascese. A escatologia maniqueísta aguardava ansiosamente o retorno final da Luz e das Trevas para seus reinos separados, mutuamente impenetráveis.

Pouco comum para uma religião considerada herética, sobreviveram, de fato, alguns relatos maniqueístas a respeito de sua fé. Sobretudo os *Kephalaia*, uma coleção de ensinamentos de Mani, e um antigo livro maniqueísta de salmos. A partir dessas obras, podemos julgar que o próprio Agostinho, em seus escritos explicitamente antimaniqueístas, é uma fonte razoavelmente confiável para as crenças maniqueístas, principalmente em sua resposta a Fausto, o mesmo Fausto que encontramos contraposto a Ambrósio de Milão no Livro 5 das *Confissões*. De forma muito esclarecedora, Fausto é retratado chamando Agostinho e sua nova seita de "meio-cristãos".

Agostinho parodia o processo de liberação de partículas de luz mais adiante no Livro 3:

> Pouco a pouco, insensivelmente, cheguei à extravagância de crer que um figo, ao ser colhido, chorava, jun-

tamente com a sua mãe, a figueira, lágrimas de leite! Mas se algum "santo" comesse o figo [...], misturando-o nas suas entranhas, arrotando e gemendo entre orações, exalaria anjos e até partículas de Deus (3.10.18).

Mas a argumentação por trás disso foi rigorosa e convenceu Agostinho por um longo tempo. Embora os maniqueístas acreditassem em um mundo totalmente material de boas e más substâncias – crença frequentemente chamada "dualismo ontológico" – que os deixava expostos à imagem irônica que Agostinho usa aqui, eles também acreditavam que todos os seres vivos tinham algum grau de senciência, até mesmo uma figueira. (Os figos emanam um líquido leitoso de seu caule quando colhidos.) Novamente, isso parecerá atraente ao jovem autor de *Da beleza e do harmônico*. Como Jason BeDuhn apontou recentemente, isso pode fornecer outra razão pela qual o episódio do roubo de peras marcou tão profundamente a memória de Agostinho.

Agostinho, até onde sabemos, nunca se tornou um dos "santos" ou "eleitos". Ele permaneceu no nível dos "ouvintes", congregando adeptos cuja tarefa era, em parte, reunir comida para a alimentação dos eleitos, liberando, dessa forma, as partículas de luz presas. Ele também estudou os escritos maniqueístas com sua atenção e concentração típicas, embora nos fale disso apenas no contexto de seu abandono. Ele deixou-se impressionar fortemente pelos cálculos daqueles que puderam prever com precisão a data e a duração dos eclipses lunares e solares (5.3.4), um assunto habitualmente de grande importância para o maniqueísmo, sobre o qual o próprio Mani havia escrito. Quando Fausto chega a Cartago, este é um dos principais assuntos sobre os quais Agostinho quer interrogá-lo:

Os livros desta seita, na verdade, estão recheados de intermináveis fábulas, acerca do céu, dos astros, do Sol e da Lua. Já não esperava que [Fausto] me pudesse explicar argutamente aquelas teorias, como eu ardentemente desejava, comparando-as com os cálculos astronômicos, que eu em outras partes lera, a ver se era preferível a solução que os livros maniqueístas davam [...] (5.7.12).

Desnecessário dizer que Fausto se mostrou incapaz de harmonizar os mitos. Agostinho, por sua vez, ressentiu-se do tempo que perdeu tentando dominar o sistema maniqueísta.

Mas o sistema, até certo ponto, dominara Agostinho. "[...] estabelecia eu duas substâncias opostas a si mesmas, ambas infinitas: a do mal mais diminuta e a do bem mais extensa" (5.11.20). Nós percebemos isso de forma direta em seu relato a respeito da dificuldade de entender a origem do mal: "quem colocou em mim e quem semeou em mim este viveiro de amarguras, sendo eu inteira criação do meu Deus tão amoroso?" (7.3.5). A propensão a fazer o mal é visualizada em termos materiais, como uma planta amarga no jardim do eu. Agostinho também não pode deixar a materialidade para trás na sua visão do relacionamento de Deus com o universo, embora até agora ele tenha abandonado ostensivamente a ideia do Deus material dos maniqueístas. Ele imagina Deus como um mar,

a rodeá-la [a criação] e penetrá-la de todas as partes [...] e de todos os lados infinito na vossa imensidade, tendo dentro de si uma esponja da grandeza que nos aprouvesse, mas rodeada e inteiramente cheia de um mar imenso (7.5.7).

O universo como uma esponja em um mar de divindade: a imagem às vezes é tratada apenas como risível. Mas Agostinho a usa para mostrar seu apego à noção de existência material, pois a esponja inclui "os corpos que eu mesmo atribuí aos espíritos". Além disso, havia a impossibilidade de ele imaginar algo mais abstrato. Mais espiritual, na verdade.

A influência do materialismo maniqueísta é muito mais profunda, no entanto, do que a imagem pontual e viva. Repetidas vezes, Agostinho retrata a alma em termos penosamente materiais. Assim, sua alma na adolescência febril: "por isso minha alma não tinha saúde e, ulcerosa, lançava-se para fora, ávida de se roçar miseravelmente aos objetos sensíveis" (3.1.1). Após a morte de seu amado amigo, "trazia a alma despedaçada escorrendo sangue [...]" (4.7.12). Após a separação de sua companheira de longa data e mãe de seu filho, "meu coração, onde ela estava presa, rasgou-se, feriu-se e escorria sangue" (6.15.25). Dos seus esforços iniciais em se afastar do maniqueísmo: "que tormentos aqueles do meu coração parturiente! Quantos gemidos, meu Deus!" (7.7.11).

Essas difusas imagens materiais da alma também estão por trás da luta de Agostinho em explicar como a vontade humana pode ser dividida contra si mesma. Isso foi discutido prontamente no maniqueísmo: a divisão era simplesmente um produto da luta entre a matéria do bem e a do mal dentro da alma. Consequentemente, a confissão em si é um ato antimaniqueísta, pois reconhece a responsabilidade por fazer algo errado, em vez de pôr a culpa nessa substância maligna [5.10.18]). No Livro 7, Agostinho descreve o mal como "[...] uma perversão da vontade desviada da substância suprema [...]" (7.16.22). Mas, no Livro 8, quando está no jardim em Milão pronto para a sua conversão, ele faz uma pausa e passa vários parágrafos debatendo-se sobre como pode querer simultaneamente se converter e, ainda assim, não ter a força de vontade para fazê-lo: "A alma manda ao corpo, e este imediatamente lhe obedece; a alma dá uma ordem a si mesma, e re-

129

siste!", "São, pois, duas vontades" (8.9.21). A própria menção de uma mente dividida provoca, nesse momento fundamental, uma vigorosa refutação da interpretação maniqueísta: eles "afirmam que temos duas almas de naturezas diferentes: uma boa e outra má" (8.10.22). "[...] nem por isso afirmem que contendem duas almas contrárias, uma boa e outra má, formadas de duas substâncias contrárias [...]" (8.10.24). Curiosamente, o contra-argumento de Agostinho prolifera as divisões, postulando uma mente que não pode se decidir entre vários cursos bons ou ruins de ação, que excederiam as duas substâncias propostas pelos maniqueístas. A questão não é apenas que, no momento narrativo da sua conversão ao cristianismo ortodoxo, Agostinho opte por se mostrar ainda profundamente aborrecido pelo desafio maniqueísta à sua cuidadosa autoconstrução. É também que os termos que ele usa para transmitir essa irritação retêm traços vivos de materialismo. "Nem queria, nem deixava de querer inteiramente. Por isso me digladiava, rasgando-me a mim mesmo" (8.10.22).

Considerando retrospectivamente a época da escrita, Agostinho diz a Deus: "agora anda unida a Vós esta alma que arrancastes do visco tenaz da morte" (6.6.9). O "visco tenaz" é em latim uma única palavra, relativamente incomum, *viscus*, que denota uma substância profundamente adesiva feita de bagas de visco moídas e usada para capturar pássaros. Agostinho o usa três outras vezes nas *Confissões*, cada vez com um efeito impressionante: duas vezes para o sexo, de forma pouco estimulante (6.12.22; 10.30.42); e uma vez – a primeira delas – quando ele introduz a "bagunça" da heresia cristianizada segundo os comentários dos maniqueístas (3.6.10). Sexo, morte e maniqueísmo: tudo está ligado por imagem.

Não é de admirar que Agostinho coloque também em termos fortemente corporais seu desejo de derrotar o que ele passou a ver como falsidade maniqueísta: "bastava-me, portanto, só este raciocínio contra aqueles que a todo custo deveria vomitar do meu peito oprimido" (7.2.3). No entanto, no curso das *Confissões*, ele nunca conseguiu fazê-lo: daí, talvez, a violência das imagens com as quais ele tenta expulsar suas crenças anteriores. As *Confissões* são, como eu disse, assombradas pelo maniqueísmo de Agostinho. Já ouvimos seu desejo de que os maniqueístas estivessem entreouvindo, sem que ele soubesse, enquanto faz uma leitura apaixonada do Sl 4 no Livro 9. Isso pode ser discutido como um momento de transição. No entanto, na própria peroração das *Confissões*, quando Agostinho reúne os passos de sua interpretação do Gênesis, ao final do Livro 13, ele volta pela última vez às falsas ideias de seus ex-correligionários. A energia de seu desdém segue inabalável.

> [...] há alguns a quem desagradavam vossas obras, dizendo que muitas delas as criastes impelido pela necessidade, como por exemplo a estrutura do céu e a organização dos astros. Afirmam que não as fizestes por Vós mesmo, mas que já existiam criadas noutro lugar. Tirando-as de lá, simplesmente as reunistes [...] Esses insensatos afirmam tais coisas porque não veem as vossas obras através do vosso Espírito, nem vos reconhecem nelas (13.30.45).

LEITURA DE APROFUNDAMENTO

Confira Brown (1969) sobre as origens e a propagação do maniqueísmo, Kotzé (2013) a respeito do público maniqueísta das *Confissões*, Van Oort (2012), com amplo conhecimento de Agostinho, sobre textos e doutrinas maniqueístas e Coyle (2008) sobre o bem e o mal (luz e trevas) na doutrina maniqueísta. BeDuhn (2010; 2013) são os dois primeiros volumes de uma trilogia projetada que relê a vida de Agostinho sob a perspectiva de seu maniqueísmo.

4 Platonismo e imaterialidade

Uma das grandes vertentes narrativas das *Confissões* é o progresso de Agostinho, de uma imaginação totalmente material – o universo como uma esponja em um mar infinito – para uma apreensão do imaterial, do abstrato e do espiritual. Isso, como ele relata, foi o que começou a afastá-lo da literalidade equivocada dos maniqueístas. Mas não foi o cristianismo ortodoxo que inicialmente ajudou Agostinho a ir além da materialidade maniqueísta: foi o platonismo.

Platonismo ou neoplatonismo? Não há dúvida de que Agostinho foi influenciado pela convincente visão de Platão, particularmente a noção de que deveríamos passar da contemplação de instâncias terrestres individuais, por exemplo, de beleza, para inferir a existência da forma eterna e abstrata ou, ainda, a ideia de Beleza (conforme exposto em seu *Simpósio*). Também importante para Agostinho, embora menos comentado, foi o fato de que, em Platão, essa mudança para a transcendência intelectual é realizada não apenas pela contemplação, mas pelo amor. Platão descreve esse processo como amor erótico, e o intenso desejo pela forma abstrata é também modelado conforme o amor erótico. Agostinho não poderia segui-lo neste ponto, mas uma interpretação espiritual do amor passa a ocupar o ponto central de sua teologia.

Estou usando o platonismo em um sentido mais geral, como o próprio Agostinho o fazia. Quando ele fala em ler "alguns livros platônicos" (mencionados pela primeira vez nas *Confissões* em 7.9.13), ele não quer dizer os livros do próprio Platão, mas as obras dos sucessores de Platão, posteriormente conhecidas como "neoplatônicas", que tentaram produzir uma visão harmonizada e integrada do mundo a partir das declarações díspares de Platão em seus diálogos. Eles também tendiam a adaptar as ideias de Aristóteles, que eram muito diferentes, ao sistema platônico. Agostinho em nenhum lugar especifica exatamente quais "livros platônicos" ele leu, embora nos diga que eles foram "traduzidos do grego para o latim", e isso tem sido um tópico de intenso debate acadêmico. O que parece claro é que ele foi influenciado sobretudo por uma seleção de obras de Plotino, filósofo do século III, cujos escritos foram reunidos e editados por seu aluno Porfírio, sob o título *Enéadas*, que significa apenas "grupos de nove", pois existem nove ensaios em cada um dos seus seis livros.

Plotino ensinava que havia um primeiro princípio imutável e eterno, chamado "O Uno", do qual todos os outros estratos defluíram e para o qual retornavam. O mundo material visível e em constante mudança estava o mais longe possível do Uno, e, no entanto, por conter mentes humanas que, pelo poder da razão, podiam apreender o Uno, até mesmo esse estrato mais baixo do ser estava ligado ao princípio original do Ser. A matéria, no entanto, estava fragmentada e dispersa, afastada do Uno. Todos os outros níveis de ser, apesar de não serem imutáveis, já que sempre constantes no processo de mudança e de fluxo, e nem eternos, participavam até certo ponto do Uno. E a mente humana podia, por meio da contemplação concentrada do Uno, ascender, embora apenas momentaneamente, a uma espécie de união com ele (celebrada nas *Enéadas*, 6.9).

À medida que as *Confissões* se desenrolam, Agostinho dramatiza sua leitura dos "livros platônicos" como a experiência que cria uma barreira entre ele e seu maniqueísmo, abrindo caminho para uma apreciação mais completa do cristianismo. Já vimos que sua rejeição ao maniqueísmo, embora enfática, está longe de ser completa no momento de escrita das *Confissões*. Mas fica claro pelos diálogos filosóficos que ele escreveu logo após sua conversão no

133

jardim, no outono de 386, que havia achado sua leitura de livros platônicos profundamente estimulante. Na lacuna aberta pelo ceticismo acadêmico (o encontro que há em 5.10.19 e que discuti na seção sobre questionamento no cap. II, seção 2), ele percebeu que havia espaço para a imaterialidade e, especificamente, para um Deus não material. Os diálogos podem ser lidos como uma tentativa gradual e parcial de harmonizar a leitura entusiasta de Agostinho do platonismo com seu novo compromisso com o cristianismo.

Nas *Confissões*, o processo é acelerado, de forma que seus estágios são distintamente justapostos. O catalisador, mesmo antes de Agostinho mergulhar em sua leitura platônica, é a pregação de Ambrósio em Milão, da mesma forma que Ambrósio aproximou Agostinho da Bíblia. A pregação de Ambrósio estava de fato profundamente imbuída do pensamento de Plotino, embora a influência quase nunca fosse explicitamente reconhecida. Ao ouvir Ambrósio, Agostinho relata:

> Eu que nem sequer levemente ou por enigma suspeitava o que era substância espiritual, contudo, alegrei-me e envergonhei-me de ter ladrado, durante tantos anos, não contra a fé católica, mas contra ficções tecidas de pensamentos corruptos (6.3.4).

É isso que permite que Agostinho vá além da noção de um Deus "sob a forma de corpo humano" (7.1.1). Esse era o objetivo que ele havia traçado anteriormente, no momento de seu engajamento com os maniqueístas, ditos "extremamente carnais", quando lamentou: "ignorava que Deus é espírito e não tem membros dotados de comprimento e de largura, nem é matéria porque a matéria é menor na sua parte do que no seu todo" (3.7.12). Mas ele não tem nada para substituir um Deus corpóreo até que ele realmente chegue a Plotino.

Mas ele chega a Plotino? O estranho da maneira como a "conversão" de Agostinho ao platonismo é narrada nas *Confissões* é que nunca chegamos lá. A narrativa está imbuída da influência do platonismo. Porém, assim que Agostinho anunciou que está lendo os "livros platônicos", ele os reformula em termos do Evangelho de João.

> Neles li (não que as mesmas palavras fossem usadas, mas exatamente a mesma doutrina era ensinada, provada com muitos e numerosos argumentos), que "no princípio era o Verbo e o Verbo existia em Deus e Deus era o Verbo" [...] (7.9.13).

Pularemos os detalhes do ensino neoplatônico – sob o fundamento de que "exatamente a mesma doutrina era ensinada" – para submergi-la no cristianismo. O conteúdo da leitura platônica de Agostinho é aqui expresso apenas por meio da Bíblia: os elementos que se harmonizaram e, por outro lado, em mais um movimento surpreendente, os elementos que não se harmonizaram. As reivindicações de harmonia são, de qualquer forma, tensas: pode de fato ser factível, deixando de lado a doutrina trinitária, identificar o Deus eterno, imutável e criador com o eterno e imutável "Uno" de Plotino, do qual toda a existência flui. Mais abaixo, o próximo estágio do ser de Plotino é o Intelecto, que pode, de alguma forma, ser associado ao Verbo. Mas considerar que o "Uno" deva realmente ser o Intelecto (ou o Verbo) é, fundamentalmente, modificar o pensamento de Plotino. Assim, em termos de organização da narrativa, esse influente momento é imediatamente incluído na doutrina cristã, quer Agostinho esteja reivindicando contraste ou harmonia. É mais uma reminiscência da passagem em que Agostinho anuncia sua aderência aos maniqueístas, ocasião em que ele dedicou vários parágrafos à forma correta da doutrina cristã, que ele, porém, ainda não havia adotado.

Agostinho retrata Plotino lhe ensinando algo que é mais profundo do que os princípios da doutrina neoplatônica. Na grande *Enéada* sobre a beleza, Plotino pede que seus leitores se curvem, dentro de si mesmos, com vistas a refinar e a purificar suas almas, de forma que elas possam gradualmente abster-se das coisas terrenas e elevar-se à contemplação do ideal da própria Beleza. A Beleza, por sua vez, emana do Bem, que é o desejo de toda alma.

> Aquele que tem a força, deixa-o elevar-se e retirar-se para dentro de si mesmo, precedendo tudo aquilo que é conhecido pelos olhos [...]. Não deves fechar os olhos e invocar outra visão, que deverá ser despertada dentro de ti (*Enéadas*, 1.6.8).

Por duas vezes no Livro 7, Agostinho relata estar tentando essa ascensão interna a uma visão superior. Na primeira vez, ele se olha para dentro e "[...] com aquela vista da minha alma, vi, acima dos meus olhos interiores e acima do meu espírito, a Luz imutável". Então, impressionado com a intensidade, ele recua, obediente: "pareceu-me estar longe de Vós numa região desconhecida" (7.10.16). Na segunda vez, ele tem mais sucesso, embora a experiência seja passageira:

> Deste modo, dos corpos subia eu pouco a pouco à alma que sente por meio do corpo, e de lá à sua força interior à qual os sentidos comunicam o que é exterior [...] (7.17.23).

Ele passa para o "poder da razão discursiva", que discrimina as impressões sensoriais e, portanto, a fonte de sua inteligência. "Foi assim que ela atingiu aquele Ser, num abrir e fechar de olhos". O momento se passa "num abrir e fechar de olhos", como Paulo escreve (1Cor 15,52). Mas, graças à ascensão plotiniana, Agostinho finalmente alcança uma indicação da existência de Deus, de suas "perfeições invisíveis" (7.17.23).

Esta é a profunda percepção a que as *Enéadas* conduzem Agostinho: a completude ontológica de Deus. Deus é invisível, mas é uma realidade espiritual, sendo, a um só tempo, o seu próprio ser e a fonte de todo ser. A primeira ascensão termina em uma citação da afirmação misteriosa e absoluta feita por Deus no Êxodo: "Eu sou aquele que sou" (Ex 3,14). A definição de Deus como "Aquilo Que É" é repetida novamente na terceira e maior ascensão de Plotino (em 9.10.24), que Agostinho compartilha com sua mãe em Óstia, parte da qual será o assunto do nosso excerto 3. Encontramos, ainda, outra versão dessa definição no final da exposição de Agostinho a respeito da história da criação, já ao final das *Confissões*: "por Ele vemos que é bom tudo o que de qualquer modo existe, pois procede daquele que não existe de qualquer modo, pois o que Ele é, é-o por essência" (13.31.46). Em latim, a sentença conclui, com tom paradoxal, com *sed est est.*

É usual em Agostinho que ele frequentemente expresse essa completude ontológica de Deus, aprendida inicialmente com Plotino, em linguagem emprestada dos salmos. Além disso, ela vem do salmo cuja leitura explicitamente antimaniqueísta ele nos ofereceu, isto é, o Sl 4. "No versículo seguinte, num grito profundo de meu coração, exclamava: 'Oh! estarei em paz! Oh! viverei em paz no seu próprio ser!'", sendo, em latim, *in idipsum* (9.4.11; Sl 4,8). O exemplo mais marcante dessa expressão não transparece na tradução, mas mostra que a noção é fundamental para Agostinho. Começa logo no início do Livro 12, em que Agostinho está discutindo como o que existe provém de Deus:

> Vós, pois, Senhor, que não sois umas vezes uma coisa e outras vezes outra, mas o mesmo, o mesmo, sempre o

mesmo, o Santo, Santo, Santo, o Senhor Deus onipotente (12.7.7).

Esta passagem em latim, por outro lado, é admiravelmente sucinta, mostrando a importância da palavra *idipsum*.

> *tu, dómine, qui non es álias áliud et álias áliter, sed idípsum et idípsum*
> *et idípsum, sánctus, sánctus, sánctus, dóminus déus omnípotens*

Philip Burton traduz o repetido *idipsum* de uma maneira que captura melhor a repetição ousada no latim: Vós, Senhor, sois "o mesmo, o mesmo e o Mesmo" (*the same and the same and the Same*). O último "mesmo" é maiúsculo para marcar tratar-se de um título de Deus, isto é, como no "Ser" (*Being*) de Boulding, fundamentando-se na decisão do próprio tradutor, pois não havia convenções de escrita em maiúscula ao tempo de Agostinho. O que é notável na linguagem é que Agostinho está usando um termo totalmente específico, "em si" ou "o mesmo", que não tem história filosófica, para tentar capturar simultaneamente a abstração e a plenitude do ser divino.

A ascensão à plenitude do ser originário, portanto, faz parte do que "os livros dos platônicos" ensinaram a Agostinho. Outra pista para a compreensão é sugerida em sua queda desde a primeira ascensão: "pareceu-me estar longe de Vós numa região desconhecida [...]" (7.10.16). A "região desconhecida" é uma citação direta de outro ponto das *Enéadas* (1.8.13). Este ensaio trata da origem do mal. Quando a alma desce para tomar parte no mal, encontra-se na "região desconhecida". Aqui, e nas *Enéadas* (1.6), Agostinho finalmente descobriu como se afastar da noção maniqueísta do mal como um princípio material, isto é, de algo que é

138

dotado de uma existência eterna, corpórea e absolutamente ruim. As *Enéadas* afirmam que: "podemos mesmo dizer que a Beleza é a existência autêntica, e a Feiura é o princípio contrário à existência: e o feio também é o mal primordial" (1.6.6). Era isso: se Deus e a bondade representavam a plenitude do ser, então o mal deve ser um não ser, totalmente inexistente. Agostinho manifesta essa compreensão entre as duas ascensões plotinianas do Livro 7: "em absoluto, o mal não existe [...] para Vós [...]" (7.13.19). Tudo o que existe deve ser bom; o grau em que não é bom – em que é, como diz Agostinho, destrutivo – é o grau em que admite não ser. É assim que Agostinho, inspirado pelas *Enéadas* (3.2), desenvolve sua formulação do mal como a "privação do bem". Na medida em que as coisas boas são afastadas de Deus, o bem maior, e na medida em que estão fora do lugar, não são integradas com os desígnios de Deus e, nessa medida, são menos boas. Mas não se pode dizer que sejam más, pois o mal não é nada. A importância dessa formulação, ao afastar Agostinho do maniqueísmo, dificilmente poderia ser exagerada.

Agostinho resume sua conversão platônica – que está, nessa etapa das *Confissões*, fundindo-se com uma conversão protocristã – naquilo que é, talvez paradoxalmente, uma das imagens mais comoventes da obra:

> Os meus bens já não estavam fora, nem eram procurados sob este sol pelos olhos da carne. Aqueles que querem gozar fora de si mesmos facilmente se dissipam e derramam naquelas coisas aparentes e temporais, lambendo com o pensamento faminto as imagens de tais objetos (9.4.10).

A noção de lamber imagens com a imaginação, em sua estranha combinação de material e sensorial com o não corpóreo, supera até as sombras na parede da famosa alegoria da caverna de Platão (*República* 514a-520a). Nessa alegoria, as pessoas presas na caverna estão assistindo às sombras projetadas por trás deles na parede: esta seria a noção da realidade, quando distanciada da luz perfeita do Ser. Para Agostinho, não se trata de ver, mas do sentido mais básico de lamber: é este sentido que descreve os encontros vãos do tolo com os traços do transitório.

LEITURA DE APROFUNDAMENTO

Sobre Plotino, confira Dodds (1960). Sobre Agostinho e o platonismo, confira Armstrong (1967). Sobre Agostinho e o êxtase plotiniano, confira O'Meara (1970). Sobre a mudança em direção ao espiritual, confira Teske (2008). Há um resumo muito útil das influências filosóficas de Agostinho em TeSelle (1970, p. 19-55). Há também um resumo conciso e útil da influência neoplatônica no pensamento de Agostinho sobre o bem e o mal em Rist (1994, p. 256-266). Grande parte da discussão relevante foi feita em francês, principalmente por Goulven Madec e Pierre Hadot.

5 O problema de Cristo

Havia uma questão fundamental, no entanto, sobre a qual os "livros dos platônicos" não podiam dar nenhuma instrução ou inspiração a Agostinho: como encaixar Cristo em seu novo sistema de pensamento? A respeito de seu primeiro encontro com a filosofia, quando leu *Hortênsio* aos 19 anos, Agostinho observa: "uma só coisa me magoava no meio de tão grande ardor: não encontrar aí o nome de Cristo" (3.4.8). O nome de Cristo também não se encontra nos escritos de Plotino.

De fato, enquanto o nome de Cristo ocorre com razoável frequência nas *Confissões*, quase sempre falta uma concepção desenvolvida do relacionamento com Cristo. Observar isso não põe em dúvida que Agostinho considerasse ter assumido um compromisso com o cristianismo no episódio do jardim em Milão. O texto bíblico que provoca sua conversão culmina na exortação "[...] revesti-vos do Senhor Jesus Cristo [...]" (8.12.29). E a suposta despedida de sua mãe – a despedida espiritual, se não literal, antes de sua morte – é inequívoca nesse ponto: "por um só motivo desejava prolongar um pouco mais a vida: para ver-te católico antes de morrer. Deus concedeu-me esta graça superabundantemente [...]" (9.10.26). Mas o relacionamento religioso com Deus, que é claramente o Deus Pai e criador, e não o Deus Filho, afasta aqui todo relacionamento com Cristo.

Qual a razão para isso? Agostinho sinaliza claramente sua consciência da necessidade de mediação, sendo essa mediação o papel de Cristo no relacionamento humano com Deus, fazendo-o até mesmo na maneira como narra sua primeira ascensão plotiniana. "Em seguida, aconselhado a voltar a mim mesmo, recolhi-me ao coração, *conduzido por Vós*. Pude fazê-lo, *porque vos tornastes meu auxílio*" (7.10.16; destaquei). O crédito pelo sucesso que ele encontra nessa primeira ascensão também se aplica à intervenção de Deus: "quando pela primeira vez vos conheci, me erguestes [...]" (7.10.16). Isso é muito contrário ao pensamento de Plotino: para esse autor, a alma naturalmente se esforça para retornar ao Uno, e é responsabilidade do indivíduo tentar purificar sua alma para que ela possa fazê-lo. Para Agostinho, mesmo quando retrata sua ascensão, isso é impossível sem a ajuda divina. Essa assistência, no entanto, não é atribuída explicitamente a Cristo.

Já vimos outra maneira pela qual Cristo está veladamente presente nas *Confissões*, a saber, nas estruturas triádicas que podem ser percebidas ao longo da narrativa. Há um excelente exemplo no início do relato cronológico da vida de Agostinho, quando ele faz uma pausa para um interlúdio confessional. Ele formula uma pergunta que parece inspirada tanto por Plotino como pelo cristianismo: "donde podia vir semelhante criatura, se não de Vós, Senhor? [...] Vós em que o ser e a vida se equivalem, porque sois o Ser supremo e a suprema Vida?" (1.6.10). Isso parece de fato apontar para a emanação do Uno. Mas a expressão "se equivalem" novamente traduz esse termo mágico *idipsum,* direcionando-nos de volta ao "eu sou aquele que sou" do Êxodo e à absoluta individualidade de Deus. Então, esse interlúdio cai no ponto de inflexão da infância de Agostinho, quando ele está apenas começando a aprender a linguagem: "já então verdadeiramente existia e vivia. No fim da infância, já buscava sinais com que exprimir aos outros as minhas vontades" (1.6.10). Esse não é o monismo dos neoplatônicos. De repente, a tríade ganha destaque. Lembre-se de que estruturas triúnas dentro do ser humano espelham a estrutura triúna de Deus. A existência espelha Deus, o pai; a vida, o Espírito Santo (senão, por qual outra razão Agostinho separaria existência e vida?); e a linguagem, pela qual o bebê tateia, reflete o filho, o Verbo.

Mas a questão permanece: Cristo está presente nas *Confissões*, mas sua natureza é pouco explorada. Existem apenas três passagens de uma cristologia mais desenvolvida, cada uma sita em um ponto significativo da narrativa.

A primeira dessas passagens é bastante diferente de qualquer outra das *Confissões*. (Com efeito, Boulding sinaliza sua natureza anômala, recuando e imprimindo a passagem em letras menores.) Está no Livro 4, após o relato de Agostinho sobre a morte de seu amigo. Ele apenas orou para que sua alma não se ligasse a coisas fugazes e à beleza sensorial. "Por que é que tu, perversa, segues a tua concupiscência?" (4.11.17). No discurso para sua própria alma, a invocação habitualmente intensa de Deus é subitamente interrompida: a dinâmica "eu"-"Vós" é rompida. Em seu lugar, Agostinho instrui sua alma a exortar outras almas: "'amemo-lo' [Deus] [...] O bem que amais, dele procede" (4.12.18). A exortação para corrigir o amor é seguida por uma anomalia adicional, uma passagem quase crédula – em linguagem de grande beleza, com um denso entrelaçamento de alusões bíblicas – que inclui uma afirmação prolongada da crença na encarnação e na ressurreição de Cristo. Cristo não é realmente mencionado, mas é descrito como "Ele, a nossa vida". Nós, os ouvintes, somos exortados a "[...] que entremos no coração e aí o encontremos" (4.12.19). O discurso para outras almas termina rapidamente: "Alma, dize-lhes isto".

A posição da segunda passagem não há de surpreender, pois segue imediatamente a segunda ascensão plotiniana, preparando a leitura de São Paulo, que encerra o Livro 7. O sucesso parcial de Agostinho no processo de ascensão interior em direção a Deus faz com que ele perceba a necessidade de ajuda: "buscava um meio para me prover de forças a fim de ser apto para gozar-vos, mas não o encontraria, enquanto não abraçasse 'o Mediador entre Deus e os homens, Jesus Cristo Homem-Deus [...]" (7.18.24). Segue-se uma exploração do mistério que há em Cristo ser simultaneamente Verbo e carne por meio, em parte, das interpretações errôneas de Agostinho e de Alípio à época. Afinal, Agostinho – é, ao menos, o que ele afirma – acreditava que Cristo era apenas humano, embora o mais excelente e sábio dentre os seres humanos, ao passo que Alípio errou na outra direção, acreditando que a humanidade de Cristo era puramente superficial, sendo uma mera cobertura de carne em sua divindade, de forma que fosse desprovido de alma humana. Quando Agostinho passa a ler Paulo, ele enfatiza o dom da graça que encontra ali, e a maneira pela qual é concedida por meio de Cristo: "quem o livrará [o homem] deste corpo de morte, senão a vossa graça por Jesus Cristo nosso Senhor?" (7.21.27). Ele deixa claro que o dom da graça só será reconhecido pelo que o buscar humildemente, mas "como possuía pouca humildade, não compreendia que Jesus, meu Deus, fosse humilde [...]" (7.18.24). A humildade é o *leitmotiv* desses parágrafos e, conforme Agostinho evidencia, é a técnica da confissão em geral, justamente para que ela não se degenere em mera "presunção" da sabedoria sem graça (7.20.26).

A terceira das passagens mais elaboradas a respeito da natureza de Cristo vem ao final do Livro 10, abrindo caminho para a grande reafirmação de propósito do início do Livro 11. Desta vez, a ênfase está em Cristo como redentor: seu papel como Deus filho, "de escravos fez-nos vossos filhos, servindo-nos apesar de ter nascido de Vós" (10.43.69), e sua morte em nome de toda a humanidade pecadora. O livro termina com uma imagem de Agostinho participando da Eucaristia, a comemoração litúrgica da Última Ceia e da morte de Cristo: "eu conheço bem o preço da minha redenção. Como o Corpo e bebo o Sangue desta Vítima. Distribuo pelos outros" (10.43.70). Essa passagem intensamente eucarística é única nas *Confissões*: sua imagem, de observância solene e reiterada, fornece um final adequado à meditação sobre a natureza de Cristo. Ela também nos permite vislumbrar Agostinho após a ordenação, trazendo seus leitores não apenas para o momento da escrita, mas lhes permitindo entrever seu relacionamento contínuo e regularmente renovado com Cristo Redentor. "Come isso em memória de que Cristo morreu por ti". A passagem antecipa o pedido de participação – "para que todos nós possamos declarar" – do

144

início do Livro 11. Mas também fecha a longa exploração sobre os pecados dos sentidos contra os quais Agostinho continua lutando, como vimos anteriormente neste capítulo, e, acima de tudo, o pecado da "curiosidade" ou da arrogância intelectual. Esses pecados são aqueles que Agostinho mostra diante de Deus, que é Cristo, e pelos quais ele pede, orando, para que seja poupado.

A inserção dessas três passagens cristológicas é significativa, servindo, de alguma maneira, para responder à pergunta que formulamos acima, isto é, qual a razão de Cristo estar relativamente ausente das *Confissões*. No primeiro caso, como mencionei, a passagem forma um interlúdio anômalo: sua estrutura e conteúdo são bem diferentes da narrativa circundante. A emoção de Agostinho pela morte de seu amigo e seu completo desespero marcam a profundeza do seu apego às coisas materiais: é como se a narrativa precisasse fazer uma pausa e buscar a solidez de um credo, uma afirmação fundamental da crença em Cristo, como forma de enfatizar a inadequação da transitoriedade material. O fato de o credo ser dirigido não de uma pessoa para a outra, mas de uma alma para muitas outras, seria também um convite para desviar o olhar das coisas materiais?

Na segunda passagem, Agostinho está claramente corrigindo a ausência de Cristo nos livros neoplatônicos, ao passo que retrata a importância desses livros para ele mesmo. O terceiro caso, eu diria, remonta à angústia de Agostinho em provar que ele não é mais um maniqueísta. Pois, se "o nome de Cristo não aparecia" no *Hortênsio* ou nos livros neoplatônicos, era onipresente no maniqueísmo. De fato, isso parece ter sido parte de sua atração inicial. Não é de surpreender que Agostinho, ainda escandalizado com a ênfase material do maniqueísmo, tenha pensado em Cristo como todo humano, nem é surpreendente que, depois de rever suas próprias e contínuas tentações de corpo e mente, ele tenha feito uma pausa para refletir sobre a visão correta da humanidade de Cristo e o propósito de sua morte, bem como para lembrar a si mesmo e a seus leitores da Eucaristia, na qual essa visão é renovada regularmente. Ao mesmo tempo, deve ter sido embaraçoso para Agostinho discutir o grau em que Cristo era um ser corpóreo após sua penosa partida do maniqueísmo. Ele pode ter se preocupado com que a repetida afirmação de um mediador, que era homem mortal e Deus imortal, pudesse parecer aos leitores desfavoráveis um retorno ao dualismo maniqueísta. Mesmo após toda a sua enérgica autocrítica e rejeição ao maniqueísmo, mesmo após todo o seu comprometimento com a doutrina cristã ortodoxa, Agostinho podia temer não ter ainda vencido a guerra. Isso não pode ser provado, mas talvez seja por isso que o nome de Cristo e uma relação com Cristo estejam relativamente ausentes das *Confissões*.

LEITURA DE APROFUNDAMENTO

Sobre Cristo e Deus nas *Confissões* e alhures, confira Studer (1997). Para a "gramática" fundamental da Trindade de Agostinho, confira Ayres (2000). Sobre Cristo, conversão e materialismo, confira Wetzel (2011), reimpresso em Wetzel (2013) (que é igualmente relevante para a próxima seção). Sobre a refutação de Agostinho ao Jesus da visão maniqueísta, confira Coyle (2011).

6 A criação como manifestação de Deus

Seja como for, Agostinho consegue, de outras maneiras, tratar, nas *Confissões*, da materialidade como algo positivo. Algumas das passagens mais alegres são aquelas que descrevem o deleite da criação material para o seu próprio criador. Afinal, como ele escreve no início de sua segunda ascensão plotiniana, "compreendi então que 'as vossas perfeições invisíveis se declaram por meio das coisas que foram criadas'" (7.17.23).

Em seu estilo característico, Agostinho tece, ao longo das *Confissões* como um todo, o tema da criação, apontando, para além de si, na direção de Deus. Dessa maneira, mesmo antes de Agostinho, dentro da narrativa, ter ultrapassado sua fixação com uma noção limitada de materialidade, ele, como autor, pôde direcionar o leitor para uma visão mais adequada. A morte de seu amigo no Livro 4, que discutiremos mais detalhadamente no capítulo IV, seção 2, dá lugar a uma meditação prolongada sobre a perfeição fugaz das coisas criadas e à exortação: "se te agradam os corpos, louva neles a Deus e retribui o teu amor ao divino Artista [...]" (4.12.18). Isso prossegue na excepcional passagem confessional discutida acima. Então, no Livro 5, quando Agostinho começa a comparar o trabalho de "filósofos" (efetivamente, cientistas naturais) com as conclusões dos maniqueístas sobre o mundo natural, ele faz a mesma afirmação em sua forma negativa:

> Dizem [os filósofos] muitas verdades acerca das criaturas e não buscam piedosamente a Verdade, o Artífice da criação. Por conseguinte não o encontram; ou se o encontram, conhecendo a Deus, não o honram como a Deus, nem lhe dão graças (5.3.5).

A beleza e a requintada complexidade da criação, que desperta o interesse dos cientistas naturais, devem fazer muito mais do que isso: devem despertar sua gratidão e louvor. É inútil reconhecer o trabalho de um arquiteto divino sem se acanhar diante dele.

147

Neste momento do Livro 5, em que, aliás, Agostinho está oscilando entre as duas versões distintas de materialidade, uma apresentada pelos cientistas naturais, outra, pelos maniqueístas, há outra alusão a Cristo, mas a ênfase está nas propriedades abstratas de Cristo como o Caminho, o Verbo e a Verdade, e não sobre o Mistério da Encarnação. A esse respeito, Agostinho diz apenas: "foi considerado como um de nós e como tal pagou tributo a César" (5.3.5).

Uma das passagens mais arrebatadoras, em que Agostinho se debate com a criação, ocorre no início do Livro 10. Tendo se comprometido totalmente com o Deus cristão, ele faz uma pergunta angustiante: quando ele diz que ama a Deus, que tipo de afirmação está fazendo? Quem ou o que ele está amando?

> O céu, a terra e tudo o que neles existe, dizem-me por toda a parte que vos ame. Não cessam de o repetir a todos os homens, para que sejam inescusáveis (10.6.8).

Segue, então, uma sequência, que se assemelha a uma litania. Boulding acentua a impressão, dividindo-a em linhas curtas. Agostinho já estabeleceu que Deus é espírito, e não matéria. No entanto, ele pergunta ritualmente se cada nível da criação é ou não Deus. Terra, mar, animais, ventos, constelações... cada um responde: "eu não sou".

> E exclamaram em alarido: "Foi Ele quem nos criou". A minha pergunta consistia em contemplá-las; a sua resposta era a sua beleza (10.6.9).

O clamor aparente de perguntas e respostas é mostrado, ao fim, em silêncio. A criação clama por meio da beleza que revela sua origem divina. A atitude de alerta e de oração questionadora de Agostinho também é silenciosa. "Os homens, pelo contrário,

148

podem interrogá-la, para verem as perfeições invisíveis de Deus, considerando-as nas obras criadas" (10.6.10). O projeto das *Confissões* – questionamento, reconhecimento e louvor – aglutina-se nesse momento de enlevo.

O tema é abordado no início do Livro 11, quando Agostinho inicia seu comentário ao Gênesis. "O céu e a terra [...] dizem-nos que foram criados [...]. A mesma evidência é a voz com que o céu e a terra nos falam" (11.4.6). A criação é linda; isso é bom; isso simplesmente existe: observe-se, mais uma vez, a estrutura trinitária, apontando respectivamente para Filho, Espírito e Pai. Portanto, aponta, para além de si mesma, em direção à perfeita beleza, à bondade e à existência de Deus.

Isso se repete ao final das *Confissões*. Agostinho reúne a história bíblica da criação em outra passagem, que inunda de prazer o mundo criado, e então conclui: "estas são as coisas que contemplamos, as quais, tomadas *de per si*, são belas e em seu conjunto são ainda mais belas" (13.32.47, referência a Gn 1,31).

Ao longo dessas últimas passagens, grande parte da discussão foi abstrata, pois Agostinho ainda estava discutindo duramente com os maniqueístas. O debate, nessas páginas, assume duas formas principais. Primeiro, ele insiste, contrariamente à crença maniqueísta, em que Deus fez toda a criação a partir do nada absoluto (*ex nihilo*), isto é, sem relação de necessidade ou situação contingente anterior. Deus não poderia ter feito o céu e a terra a partir de sua própria substância, pois, nesse caso, eles seriam iguais ao seu Filho. Mas não havia mais nada a partir do qual Ele pudesse criá-los. Portanto, eles devem ter sido criados do nada – "o céu e a terra, àquele, grande e esta, pequena, porque sois onipotente e bom para criardes tudo bom: um céu grande e uma terra pequena"

(12.7.7; ver também 11.5.7). Em segundo lugar, quando o Gênesis diz: "A terra estava deserta e vazia" (1,2), isso se refere não a algum tipo de matéria escura, mas à matéria potencial ou informe. Esse foi um argumento arriscado para Agostinho, por causa da tradicional associação da falta de forma com a imperfeição moral, em oposição à maior perfeição associada à existência de forma. No entanto, "desta matéria informe é que nasceriam este outro céu e esta outra terra visível e organizada, esta água cristalina" (12.12.15). Até certo ponto, Agostinho argumenta por uma direção errônea, ou, ao menos, com um certo ilusionismo. Ele defende que o "céu do céu", o céu acima do firmamento, a respeito do qual lemos um pouco no excerto 2, assim como a matéria sem forma, são criados sem estar sujeitos ao tempo e, portanto, à mudança: "o céu do céu", por existir na eterna contemplação da perfeita imutabilidade de Deus; já a matéria sem forma, por ser totalmente desorganizada e, assim, poder estar "sem aquela alternativa de tempo que costuma fazer com que as coisas tenham ora isto, ora aquilo, porque onde não há forma, também não existe 'isto e aquilo'" (12.13.16). O leitor atento notará que o problema da criação aparentemente acabou de ser realocado: tendo criado a matéria informe a partir do nada, Deus precisou fazer um esforço adicional para criar o céu e a terra a partir da matéria sem forma, que antes era inerte. Agostinho primeiro mascara o problema reunindo os dois estágios: "toda a criatura revestida de forma, ou toda a matéria [informe] capaz de receber forma só existem por aquele que, por ser o Ente supremo, é soberanamente bom" (12.15.19). A seguir, ele propõe uma solução: seria possível combinar o que são aparentemente dois estágios, porque a falta de forma precede a existência de forma por prioridade lógica, e não por prioridade temporal (12.29.40). O fato de o Gênesis falar da criação em dois

150

estágios separados e sequenciais é apenas uma questão de conveniência narrativa. A compreensão da matéria sem forma e de sua criação, começam, assim, a ficar interessantes se ligadas às observações de Agostinho no Livro 12 sobre a riqueza e a complexidade da interpretação das Escrituras, que discutimos no capítulo II, seção 6. Isso vem ao primeiro plano nos parágrafos em que Agostinho propõe múltiplas interpretações possíveis para a frase "no princípio criou Deus o céu e a terra" (12.17.24-26). O efeito disso é legitimar várias interpretações, desde que sejam fiéis às palavras das Escrituras e sejam propostas com a devida humildade diante de Deus. A complexa questão de uma criação feita aparentemente em dois estágios fornece um excelente caso para testes.

Mesmo após todos os seus esforços para afirmar a bondade essencial da matéria criada, Agostinho se afasta do aspecto material quando, no Livro 12, finalmente tece seu comentário sobre os estágios subsequentes da criação. Tal como fez em seu primeiro comentário sobre o Gênesis, que foi composto por volta de 391 e escrito explicitamente "contra os maniqueístas", ele oferece uma interpretação alegórica. Toda a história da criação se torna uma alegoria para a criação da humanidade em seus vários estados e atividades. Assim, por exemplo, "luzeiros no firmamento do céu" que foram criados no quarto dia (Gn 1,14) tornam-se a companhia dos "vossos santos, que têm palavras de vida e refulgem pela sublime autoridade conferida pelos dons espirituais" (13.34.49). Ou, para as múltiplas criações do mar e do ar atribuídas ao quinto dia, Agostinho interpreta o mar como a raça humana. As grandes criaturas do mar como "grandes maravilhas", pássaros como as "vozes dos vossos mensageiros" (13.20.26). Para o leitor contemporâneo, o efeito é decepcionante e um tanto confuso: por que gastar tanta energia estabelecendo a bondade da criação apenas para fornecer uma interpretação do Gênesis que interpreta cada elemento como algo diferente de si mesmo? Pelo menos parte da explicação, no contexto das *Confissões*, pode ser que Agostinho esteja mais uma vez empenhado em ilustrar a amplidão das Escrituras. Mas uma parte pode também ser imputada às sombras do maniqueísmo de Agostinho. Ele não empreendeu um comentário "literal" sobre o Gênesis, dando prevalência total e sistemática à criação material de Deus, senão alguns anos depois. E, quando o fez, a obra provou ser um de seus trabalhos mais importantes.

Pode parecer que percorremos um longo caminho desde a cascata de sons com a qual começamos este capítulo e que nos levou a considerar os sentidos corporais. Mas, se olharmos para as metáforas usando a sonoridade que já discutimos, veremos que Agostinho as utiliza para resolver três dos problemas interpretativos mais intrincados da história da criação. A flexibilidade existente dentro das restrições impostas pela composição e *performance* da poesia (3.7.14) se torna uma metáfora da maneira pela qual o universo, sendo criação de Deus, encaixa-se harmoniosamente, ainda que isso não seja necessariamente evidente para o observador humano, que não pode entender as regras da prosódia criativa de Deus. Em outras palavras, trata-se de uma metáfora para a bondade essencial da matéria. A maneira pela qual, ao falar (4.10.15), podemos reconhecer uma sucessão de palavras, apesar (ou melhor, por causa) do fato de que só podemos ouvir uma única sílaba em um dado momento, torna inteligível a transitoriedade da criação de Deus e a maneira pela qual partes individuais devem necessariamente estar sempre surgindo ou desaparecendo. A noção de que o som precede, de alguma forma, a música, mesmo que ambas sejam ouvidas simultaneamente (12.29.40) serve para explicar a noção de "prioridade lógica", pela qual se pode dizer que a matéria informe precede as formas de criação, mesmo que ambas tenham sido criados, de fato, no mesmo momento.

O clamor da criação, declarando-se feita por Deus, pode vir a ser considerado basicamente o testemunho silencioso de sua beleza. Mas som e silêncio estão profundamente ligados à mais completa manifestação de Deus por parte de Agostinho, por meio e para além da criação, como veremos agora. Ou melhor, como ouviremos.

LEITURA DE APROFUNDAMENTO

Sobre a importância da história da criação para as *Confissões* como um todo, confira McMahon (1989). Tornau (2014) explora a interpretação de Plotino feita por Agostinho. O pano de fundo da doutrina da criação *ex nihilo* é encontrado em May (1994).

Excerto 3

A ascensão em Óstia (9.10.25)

A terceira magnífica "ascensão", depois das duas descritas no Livro 7, que já discutimos, ocorre, ao contrário das outras, em um horário e local muito específicos. Agostinho e sua comitiva estavam em Óstia, no porto de Roma, no verão de 387, esperando o barco que os levaria de volta à África. Mas, no momento da ascensão, ele e sua mãe Mônica estão sozinhos: "sucedeu [...] que nos encontrássemos sozinhos, ela e eu, apoiados a uma janela cuja vista dava para o jardim interior da casa onde morávamos" (9.10.23). Parados ali, conversando, "[estávamos] elevando-nos em uma busca ainda mais ardente por Aquilo Que É"[6] (*idipsum* novamente). E, esforçando-se para ascender, eles ultrapassam o mundo sensorial e suas próprias mentes em direção à "eterna Sabedoria", até "[...] a atingir[r]mos momentaneamente num ímpeto completo do nosso coração" (9.10.24). Então, segundo Agostinho, "suspiramos e deixamos lá", recuando e retornando às suas vidas terrenas finitas, após este vislumbre perfeito do infinito.

A estrutura da ascensão é plotiniana, mas os detalhes não o são. Mônica e Agostinho tocam, por um instante, tanto "Aquilo Que É" como "a eterna Sabedoria": em outras palavras, "seu Verbo, Senhor nosso" (9.10.24), isto é, Cristo e Deus em uma presença divina. Além disso, alcançam isso juntos, conversando entre si e partilhando do mesmo desejo, e não em estrita contemplação solitária, como Plotino havia imaginado. Cada um está preparado

---

6. Adaptei a tradução de Boulding, usada no texto original, para enfatizar o uso de *idipsum*. Já a tradução de J. Oliveira Santos e A. Ambrósio de Pina (Vozes) é a seguinte: "Elevando-nos em afetos mais ardentes por essa felicidade [...]" [N.T.].

para a ascensão, garantindo seu instante diante da Sabedoria não por meio do treinamento filosófico, mas por meio do compromisso do Batismo com o cristianismo.

Agostinho tentou colocar em palavras uma experiência que, como ele diz explicitamente, levou a que ele e sua mãe fossem além das palavras. Ele tentou descrever o declínio do mundo à medida que eles alcançam uma contemplação cada vez mais arrebatadora da sabedoria. Quando são obrigados a deixá-la para trás, diz Agostinho que "suspiramos e deixamos lá"; a insatisfação e o arrependimento parecem não residir apenas na fugacidade do momento, mas sim na impossibilidade de dar uma noção adequada do que acabou de acontecer.

Então Agostinho recria a ascensão, pondo-a dentro da conversa, em vez de narrá-la. Esse é o nosso trecho. Trata-se de uma das passagens mais encantadoras das *Confissões*, linda até mesmo na tradução, e requintada quando lida em voz alta em latim.

Dicebámus érgo,	Dizíamos, pois:
"si cui síleat tumúltus cárnis,	"Suponhamos uma alma onde jazem em silêncio a rebelião da carne,
síleant phantásiae térrae et	as vãs imaginações da terra,
aquárum et áeris,	da água, do ar
síleant et póli,	e do céu.
et ípsa síbi ánima síleat	Suponhamos que ela guarde silêncio consigo mesma,
et tránseat se non se cogitándo	que passe para além de si, nem sequer pensando em si:

síleant sómnia et imagináriae

revelatiónes,

ómnis língua et ómne sígnum,

et quídquid transeúndo fit si cui

síleat omníno

(quóniam si quis aúdiat, dícunt

haec ómnia,

"non ípsa nos fécimus, sed fécit

nos qui mánet in aetérnum"),

his díctis si iam táceant,

quóniam erexérunt áurem in

éum qui fécit éa,

et loquátur ípse sólus

non per éa sed per se ípsum,

ut audiámus vérbum éius,

non per línguam cárnis néque

per vócem ángeli nec per

uma alma na qual se calem igualmente os sonhos e

as revelações imaginárias,

toda a palavra humana, todo o sinal,

enfim, tudo o que sucede passageiramente.

Imaginemos que nessa mesma alma exista o silêncio completo

porque, se ainda pode ouvir, todos

os seres lhe dizem:

"Não nos fizemos a nós mesmos, fez-nos

o que permanece eternamente".

Se ditas estas palavras os seres emudecerem,

porque já escutaram

quem os fez,

suponhamos então que Deus sozinho fale,

não por essas criaturas, mas diretamente,

de modo a ouvirmos a sua palavra,

não pronunciada por uma língua corpórea, nem

por voz de anjo, nem pelo

sónitum núbis	estrondo do trovão,
nec per aenígma similitúdinis,	nem por metáforas enigmáticas,
sed ípsum	mas já por Ele mesmo.
quem in his amámus,	Suponhamos que ouvíssemos aquele que amamos nas criaturas,
ípsum síne his audiámus	mas sem o intermédio delas,
(sícut nunc exténdimus nos et	assim como nós acabamos de experimentar,
rápida cogitatióne	num relance de pensamento,
attíngimus aetérnam sapiéntiam	atingindo a eterna Sabedoria
súper ómnia manéntem),	que permanece imutável sobre todos os seres.
si continuétur hoc	Se esta contemplação se continuasse
et subtrahántur áliae visiónes	e se cessassem todas as outras visões
lónge impáris géneris	de ordem muito inferior
et haec úna rápiat et absórbeat	se unicamente esta arrebatasse a alma e a absorvesse,
et recóndat in interióra gáudia	[e levasse ao gáudio íntimo
spectatórem súum,	aquele que a teve]
ut tális sit sempitérna víta	de tal modo que a vida eterna
quále fúit hoc moméntum	fosse semelhante a este vislumbre
intellegéntiae cui	intuitivo, pelo qual
suspirávimus,	suspiramos:
nónne hoc est: "íntra in	não é isto a realização do "entra no
gáudium dómini túi"?	gozo do teu Senhor"?

Primeiramente, é digno de nota que toda essa passagem consista em uma longa frase, puxando-nos continuamente para o instante da transcendência. Ao mesmo tempo, não é uma frase de teor definitivo ou declarativo: tudo é regido, em um período condicional, por uma sucessão de conjunções "se". "Se o tumulto da carne se calasse", "se sonhos e revelações [...] fossem silenciosos", "se [...] ele sozinho falasse", "se isso puder durar"[7]. O longo período é articulado por meio de uma sequência de verbos no subjuntivo, que conotam algo possível, indefinido ou indeterminado. Então, de repente, ao final, ele surpreende ao usar dois verbos que são francos e diretos. O primeiro está no indicativo: "Não é isso [...]"? O segundo, no imperativo: "Entra no gozo [...]". Então o período termina, surpreendentemente, com uma ordem. (O "se" nos preparou para uma previsão: "se aquilo acontecesse, isso aconteceria".) Mas se trata de um comando enquadrado dentro de uma pergunta: "não é isto a realização do 'entra no gozo do teu Senhor'?" Agostinho construiu uma frase admirável, que brilha com um sentido baseado na possibilidade e, em seguida, em sua repentina oração final, transforma-se em uma pergunta. A conclusão não é uma decisão ou uma declaração assertiva, apesar do modo dos verbos. Não se trata de uma conclusão, exceto por se tratar de um final da frase. É uma tentativa de vislumbrar as limitações humanas diante da presença de Deus. Mesmo que possamos imaginar um momento em que todos os outros sons tenham desaparecido, e estivermos apenas ouvindo a Palavra de Deus, é esse o vislumbre do deleite celestial que estamos buscando? A estrutura da interrogação latina sugeriu uma resposta positiva, mas Agostinho não se atreve a dar

---

7. Manteve-se, neste trecho, a construção das orações com "se", tal como feita por Boulding. Corresponde à cadeia de "Suponhamos [...]" da tradução. O mesmo será feito ao longo do trecho de comentários deste excerto.

a resposta claramente. Ele nos dá a entender que o "sim" pertence exclusivamente a Deus.

Além disso, na pergunta final, Agostinho não confia em seus próprios poderes de linguagem. Em vez disso, ele se baseia diretamente nas palavras de Cristo, conforme relatadas nos Evangelhos. "vem alegrar-te com teu senhor" é o refrão da parábola dos talentos, em Mt 25,21 e 25,23. É o convite aos servos que usaram bem seus talentos: tanto os talentos de ouro dados por seus mestres como, implicitamente, os talentos metafóricos, dados por Deus. Em nossa passagem, trata-se de algo sintaticamente inesperado, pois desloca a sentença. Se Agostinho deseja terminar sua frase com uma pergunta, por que ele simplesmente não escreve: "Isso não é 'o gozo do teu Senhor'"? Por que o imperativo se intromete, de modo que "isto", o momento transcendente a que toda a frase tende, torna-se uma ordem, e não um estado de arrebatamento? Obviamente, não podemos conhecer as intenções de Agostinho. Mas me parece que o final inesperado da frase chama a nossa atenção para a Palavra de Deus em ação. Não experimentamos o fim desse processo de ascensão como um estado simples ("o gozo do teu Senhor"). Em vez disso, há uma ação e um convite à ação: Deus dá a ordem, ouvimos a ordem e, pelo fato de ouvi-la, desejamos instantaneamente agir sob seu efeito. Quando tudo o mais acaba, experimentamos essa relação dinâmica e essencial com Deus.

Voltemos ao modo como Agostinho constrói sua oração em relação a essa ordem. No latim, ouve-se o sibilar da primeira frase: *si cui síleat tumúltus cárnis*. Essa sibilância chama a atenção para a repetição das formas verbais *sileat* ou *sileant*, calar, que são usadas seis vezes em rápida sucessão à medida que a sentença se desenvolve. Gradualmente, todas as coisas criadas se calam, mas apenas depois de cada elemento falar a respeito de seu criador ao "alguém" da primeira oração. O verbo muda de *sileant* para *taceant*, o que também significa calar: "tendo dito isso, fizeram as pazes". Então, no silêncio, a frase muda: "se ele falasse (*loquátur*) [...] para que pudéssemos ouvir (*audiámus*) sua palavra". O *audiámus* é repetido um pouco mais tarde. A frase se alterou, pelo crescente silêncio, para uma única voz falando a uma escuta coletiva.

Aqui a repetição de verbos se dissolve, e as imagens se tornam mais evasivas. Deixamos a metáfora que governa a audição e, em seu lugar, usamos outra: é como se passássemos a tocar a sabedoria, depois a vemos – da mesma forma que todas as outras visões e, mesmo antes delas, os sons – e então elas desaparecem. Além disso, passamos de um encontro aparentemente externo com a Palavra de Deus – "para que possamos ouvi-lo sem mediação" – para um encontro que é claramente experimentado no eu interior, por meio de "um lampejo de pensamento", de "alegrias internas" e de um "momento de compreensão".

O encontro direto da alma com a Palavra de Deus, seja em silêncio externo ou interno, seja no toque e na visão incorpóreos, é exprimido, em parte, pelo que não é. Toda a criação direciona a atenção do ouvinte para a voz de Deus: "Ele nos fez, Aquele que permanece para sempre". (Além dos salmos listados por Boulding, o grande salmo da criação, Sl 104, parece estar por detrás dessa passagem, pois expressa a total dependência da criação em relação a Deus e conclui, em palavras que Agostinho poderia ter tomado como epígrafe para as *Confissões*: "Cantarei ao Senhor enquanto eu viver".) Então a palavra é dita "não pronunciada por uma língua corpórea, nem por voz de anjo", nem pelos seres humanos comuns nem pelos seres semidivinos que agem como mediadores entre os seres humanos e Deus. Somos lembrados de um trecho de Paulo "se eu falar as línguas de homens e anjos mas não tiver o amor [...]" (1Cor 13,1). De fato, a abordagem aqui é para aquele "a quem amamos em todas essas coisas". Não ouvimos a voz de Deus na "nuvem de tempestade, nem em nenhuma parábola enigmática" em suas manifestações no Antigo Testamento ou no Novo. Somente quando todas as outras representações possíveis da Palavra de Deus forem reduzidas, poderemos ouvi-lo diretamente, "sem mediação".

Essa passagem é um *tour de force*: uma tentativa de expressar, necessariamente em palavras, o processo de ir além das palavras. Trata-se de uma tentativa de transmitir a noção de como um Verbo, que não funciona semelhantemente ao verbo humano, pode ser apreendido. E assim que Agostinho encerra esta descrição arrebatadora, ele chama a atenção para suas limitações: "ainda que isto disséssemos não pelo mesmo modo e por estas palavras [...]" (9.10.26). Esse momento de compreensão não será alcançado apenas pela leitura a seu respeito; ele deve ser conquistado.

IV

MEMÓRIA, TEMPO E O EU

1 Amor e morte

A ascensão da alma em Óstia, um relato que acabamos de ler no excerto 3, é o grande momento de exaltação espiritual nas *Confissões*. Pode ser interpretado como a realização última da contemplação solitária do divino. No entanto, como tem sido observado com frequência, a ascensão não ocorre de forma solitária: Agostinho a compartilha com sua mãe, de forma que a ascensão se desenvolve, da mesma maneira, conversando com ela. Mônica não é apenas uma testemunha, mas uma participante ativa de sua experiência extática.

Quando Agostinho navegou de Cartago para Roma, sua mãe não queria que ele fosse embora: "chorou amargamente a minha partida e me seguiu até ao mar" (5.8.15). Ele só logrou escapar com artimanhas, convencendo-a a passar a noite rezando em uma capela de Cipriano, o mártir cartaginense. Mas Mônica não é fraca como Dido, resignada em seu abandono. Logo que a ouvimos novamente, no início do Livro 6, ela está reunida novamente ao filho. "Minha mãe, forte na piedade, já tinha vindo ao meu encontro, seguindo-me por terra e por mar, com a segurança posta em Vós, no meio de todos os perigos" (6.1.1). Seu filho interpreta a separação temporária como salutar, evidência da disposição favorável de Deus em relação aos dois. O desejo "fortemente material" dela por sua companhia é emendado: "ela, segundo os costumes das mães, [...] desejava-me sempre junto de si, desconhecendo as grandes alegrias que Vós lhe iríeis causar com a minha ausência" (5.8.15). O companheirismo espiritual perfeito que Mônica e Agostinho experimentam em Óstia são o desfecho e a recompensa perfeitos após um afastamento causado pelo apego da mãe, bem como pela apostasia e pelo dolo do filho.

Embora, como vimos, a dinâmica predominante das *Confissões* seja aquela entre o "eu" de Agostinho e o "Vós" de Deus, outras pessoas se juntam repetidamente à narrativa. A presença dessas pessoas nunca é meramente fortuita. Agostinho reflete sobre os estágios de sua conversão cristã acompanhado e conversando com os outros. Isso ocorre literalmente, como pela maneira com que ele modela e sugere a presença dessas pessoas em sua vida. Apesar de haver diversas interpretações, a maneira pela qual sua relação com sua mãe é retratada é um exemplo disso. Sempre devotada a ele e sempre orando por ele, a interpretação inicial de Mônica para seu percurso na vida ainda é "muito material": ela promove a ambição mundana de Agostinho, desencoraja um casamento precoce que poderia ter canalizado suas concupiscências adolescentes e, como vimos, tenta impedi-lo de fazer a jornada que acaba aproximando-o de Deus. Todo esse amor intenso, mas deslocado, começa a traçar um caminho mais adequado quando Mônica também chega à Itália, ficando sob a influência de Ambrósio. O resultado é a triangulação perfeita do amor, que é sentida em Óstia: mãe, filho e Deus.

A ascensão em Óstia não exaure o conteúdo do Livro 9 das *Confissões*. O livro termina com a morte de Mônica, as lágrimas de Agostinho, desatadas por um hino de Ambrósio, e, por fim, com a determinação feita a si mesmo e ao seu público de "[...]

que se lembrem, junto ao altar, de Mônica, vossa serva, e de Patrício, outrora seu esposo [...]" (9.13.37). Essa morte não está isolada. Três outras mortes, de três pessoas importantes e queridas por Agostinho, foram relatadas no início desse livro. Cada uma delas é inserida fora da sequência cronológica da narrativa, o que sugere que cada uma deve ser vista em relação à outra. Deve ser vista também como uma preparação para a morte de Mônica, bem como para a representação feita por Agostinho de sua reação ao evento. A primeira morte é a de Verecundo, o amigo e patrono milanês que emprestou sua casa de campo em Cassicíaco a Agostinho e a seus associados, tendo se entristecido por não poder se juntar a eles (9.3.5), quando eles se retiraram para discutir sua adesão ao cristianismo, ainda antes do Batismo. A segunda morte, que ocorre imediatamente depois, é de Nebrídio, um amigo do Norte da África, cuja biografia é brevemente esboçada em 6.10.17, e cujas cartas a Agostinho, que sobrevivem em parte, continham perguntas filosóficas de doce sinceridade, havendo sobrevivido também algumas respostas de Agostinho. A terceira morte, que ocorre algumas páginas depois, é a do filho de Agostinho, Adeodato: "a quem tínheis dotado de grandes qualidades" (9.6.14). Do ponto de vista emocional, as três mortes formam um crescendo, culminando na de sua mãe: primeiro, a de um adulto conhecido, depois a de um amigo de infância e, por fim, a de uma criança. Cada uma cria um obstáculo na composição da narrativa, um momento de perturbação e de desconforto. Não cria, no entanto, um momento de tristeza. Em vez disso, Agostinho usa cada morte para afirmar a noção de uma comunidade cristã que persiste além da morte. Verecundo se converte ao cristianismo pouco antes de sua morte:

> Assim vos compadecestes, não só dele, mas também de nós, para não nos afligirmos com dor intolerável, ao

recordar a sua extremosa delicadeza de amigo, se não o pudéssemos contar entre vosso rebanho (9.3.5).

Nebrídio recebe uma homenagem póstuma, adequada ao jovem que "costumava me fazer tantas perguntas":

> Agora ele vive no "seio de Abraão" – qualquer que seja o significado de "seio"; nele vive o meu Nebrídio, o meu doce amigo, e com relação a Vós, Senhor, o vosso filho que de liberto tornastes adotivo (9.3.6).

Mas o mais surpreendente aparece no caso de Adeodato. Quem de nós poderia usar dessa serenidade ao rememorar a morte de um adolescente?

> Depressa lhe tirastes a vida da terra. É com a maior tranquilidade que me lembro dele, nada lhe receando na infância, nem na adolescência, nem no decurso da idade (9.6.14).

Agostinho acha mais difícil concretizar essa serenidade na expectativa da vida além da morte no caso de sua mãe, apesar da alegria dela no momento da partida. E justamente porque a reação de Agostinho à morte da mãe traz o culminar desse crescendo de exemplos, o fracasso inicial em responder adequadamente – isto é, com aceitação pacífica, compartilhando da tranquilidade dela – é mais acentuado. É com dificuldade que ele luta contra as lágrimas, cedendo a elas ao relatar o uso de uma justificativa defensiva. (O hino de Ambrósio, que provoca as lágrimas, pode ter sido o favorito de Mônica: ele a retrata citando sua última frase, "Ó trindade, nutre os que oram", em um dos diálogos de Cassicíaco.) O fato de dedicar suas *Confissões* a cumprir último desejo da mãe, isto é, "[...] que vos lembreis de mim diante do altar do Senhor, onde quer

165

que estejais" (9.11.27), é mais comovente pela luta que o antecede. A luta não é apenas para afirmar, mas para sentir a continuidade entre a vida terrena de uma pessoa amada e sua vida após a morte.

Ao passar da afirmação ao sentimento, Agostinho faz uma invocação à comunidade cristã, presente e futura, como se fosse uma vasta família, interdependente e interconectada. Ele implora ao leitor, que esteja eventualmente disposto a zombar de seu luto por sua mãe, para que "chore pelos meus pecados diante de Vós, que sois o Pai de todos os irmãos do vosso Cristo" (9.12.33). As relações internas no último sintagma se destacam mais nitidamente em uma tradução mais literal: "Pai de todos os irmãos do vosso Cristo". Então, sua oração final pela rememoração de Mônica e Patrício começa com a seguinte determinação: "Inspirai, meu Senhor e meu Deus, inspirai aos vossos servos, meu[s] irmãos, aos vossos filhos, meus senhores, a quem sirvo pelo coração, pela voz e pela pena, inspirai a todos os que lerem estas páginas que se lembrem" (9.13.37). Já falei antes, na seção sobre a estrutura das *Confissões*, do seu poder como obra de mimese afetiva. Essa determinação final atrai todos nós para o "rebanho", os "irmãos", a família que Agostinho está invocando.

Abrimos esta seção observando que a ascensão espiritual em Óstia foi realizada não solitariamente, mas pelo diálogo. O "lampejo de pensamento" simultâneo de Mônica e Agostinho, que toca a Sabedoria divina, faz mais do que derrubar o ideal platônico e neoplatônico da contemplação solitária. Ele estabelece as bases para o pensamento maduro de Agostinho, no qual todo ser humano já está sempre em comunidade com os outros e no qual como diz Agostinho no Livro 19 de *A cidade de Deus*, até os sábios estão profundamente enraizados em laços sociais.

LEITURA DE APROFUNDAMENTO

Sobre Mônica, confira Clark (2015). Sobre a conversa de Agostinho com ela, confira Conybeare (2006, p. 63-138). Sobre a experiência compartilhada em Óstia, confira Kenney (2013, p. 151-161). A respeito das lágrimas de Agostinho, confira Helm (2003) e Burrus e Keller (2007).

2 Amizade

Após a morte de Mônica, Agostinho escreve:

> Por me sentir desamparado de lenitivo tão grande, a minha alma ficava em chaga, e a minha vida, formada pela fusão da sua, despedaçava-se (9.12.30).

Já ouvimos algo assim antes:

> Que bem se exprimiu um poeta, quando chamou ao seu amigo "metade da sua alma"! Ora, eu que senti que a minha alma e a sua formavam uma só em dois corpos, tinha horror à vida, porque não queria viver só com metade. Talvez por isso é que receava morrer, não viesse a morrer totalmente aquele a quem eu tanto amara (4.6.11).

Essa é uma das duas únicas passagens nas *Confissões* que Agostinho critica em suas *Revisões*: ele achava que dizer que temia a morte porque compartilhava a alma com seu amigo era "frívolo" (*Revisões*, 2.6). Ele resiste a tanta frivolidade na morte de sua mãe, não repetindo a alusão a Horácio. Mas, por outro lado, as passagens são notavelmente semelhantes. A intensidade do amor, o ferimento da alma, a sensação de que suas vidas foram completamente ligadas uma à outra: tudo isso está lá. O'Donnell (1992) observa, a respeito da primeira passagem acima, que "tantas vezes [...] a *amicitia*" – que é a amizade, e não o amor familiar – "fornece o modelo para relações autênticas de amor".

A diferença entre os dois é perceptível, no entanto, não pela intensidade do sentimento, mas pela direção do amor. "Minha vida foi destruída": "destruir" é um verbo enfático e violento (*dilaniare*), raro na literatura latina antes de Agostinho. Além desta passagem no Livro 9, ocorre duas vezes nas *Confissões*. Um desses casos é novamente a morte de seu amigo no Livro 4. (O outro, como veremos, está no Livro 11.)

> Era desgraçado, e desgraçada é toda a alma presa pelo amor às coisas mortais. Despedaça-se quando as perde e então sente a miséria que o torna miserável, ainda antes de as perder (4.6.11).

Quando seu amigo de juventude morre, Agostinho se desespera, porque amou um ser mortal como se fosse um deus. Sem esse ser mortal no mundo, o vazio de sua vida se torna aparente. Quando a mãe dele morre, existe o consolo do amor mútuo de Deus (o amor que emana de Deus e é direcionado a Deus), já que estava "agora sarado já o meu coração desta ferida, na qual se poderia censurar a minha sentimentalidade [...]" (9.13.34). Em termos emocionais e espirituais, a morte de seu amigo representa o ponto mais baixo das *Confissões*, enquanto as de sua mãe e de seus amigos, no Livro 9, representam momentos de promessa que se abrem para o futuro com a expectativa de vida além da morte.

Ao longo das *Confissões*, Agostinho usa o amor entre os seres humanos, interpretado no sentido mais amplo, tanto como uma determinação do amor de e para Deus, como para mostrar o quão distorcidas são as relações entre os seres humanos e, portanto, o relacionamento deles com Deus. As duas faces do amor se revelam na primeira vez em que ele toca no assunto, no início do Livro 2, quando é ainda um jovem inquieto em Tagaste:

> Que coisa me deleitava senão amar e ser amado? Mas, nas relações de alma para alma, não me continha a moderação, conforme o limite luminoso da amizade, visto que, da lodosa concupiscência da minha carne e do borbulhar da juventude, exalavam vapores que me enevoavam e ofuscavam o coração, a ponto de não se distinguir o amor sereno do prazer tenebroso (2.2.2).

Aqui, amizade e luxúria são representadas como extremos contrastantes do amor. Mas, quando Agostinho narra sua chegada para estudar em Cartago, no Livro 3, a nítida oposição entre ambos não pode mais ser sustentada:

> Era para mim mais doce amar e ser amado, se podia gozar do corpo da pessoa amada. Deste modo, manchava, com torpe concupiscência, aquela fonte de amizade. Embaciava a sua pureza com o fumo infernal da luxúria (3.1.1).

A luxúria, para Agostinho, é sempre ruim, mas a amizade pode ser tanto boa como ruim, de acordo com o curso e a maneira com que o amor de um amigo é direcionado.

Existem duas prementes análises a respeito da amizade que malograram nos primeiros livros das *Confissões*. Quando Agostinho conta a história das peras roubadas, no Livro 2, que é uma história breve e precária, como ele bem sabe, ela se torna representativa de todos os amores perdidos em sua vida. Acima de tudo, Agostinho examina a "cumplicidade" (2.8.16) dele e de seus companheiros ladrões, que é o que o leva a participar do roubo. Afinal, sem esse falso senso de amizade, ele não teria agido assim. Segue, então, uma admirável análise da pressão dos colegas, da amizade voltada para o mal: "[ó] amizade tão inimiga [...]", conclui (2.9.17). As peras estavam azedas, os meninos as utilizaram para alimentar os porcos. Foi somente o prazer em reunir-se para ferir outras pessoas que forneceu alguma motivação para a ação. Mas isso, diz Agostinho, é o problema da amizade: sua grande virtude, a de conectar os seres humanos entre si, é também o que a abre ao mau uso: "a amizade dos homens torna-se doce, por unificar, com um laço querido, muitas almas. Por todos estes motivos e outros semelhantes, comete-se o pecado [...]" (2.5.10).

O segundo relato de uma amizade que deu errado é um caso mais complexo. Trata-se da associação com um amigo, cuja morte, no Livro 4, leva Agostinho a uma profunda tristeza. Eles se conheciam desde a infância em Tagaste, mas apenas no último ano da vida do outro, quando os dois homens tinham cerca de 21 anos, o conhecido tornou-se um amigo. Ele "[...] por ser meu companheiro nos estudos, por ter a minha idade e estar, como eu, na flor da juventude, me veio a ser muito querido", mas "[...] ainda não era amigo íntimo, nem mesmo mais tarde a nossa amizade foi verdadeira. Com efeito, só há verdadeira amizade quando sois Vós quem enlaça [...]" (4.4.7). Aqui o comentário retrospectivo se interpõe. Na época dessa amizade em Tagaste, Agostinho teria adotado a definição de amizade de Cícero como "um acordo benevolente e amoroso em todas as coisas, divinas e humanas" (*Da amizade*, 6.20; apud AGOSTINHO, *Carta* 258.1). Essa definição se tinha concretizado, uma vez que Agostinho atraíra seu amigo para o maniqueísmo. Foi somente mais tarde, é claro, que Agostinho especificou que o acordo a respeito das coisas divinas deve ser realizado "pela caridade difundida em nossos corações pelo Espírito Santo que nos foi dado" (4.4.7).

Quando o amigo morre, Agostinho sente duas perdas: a primeira é a do corpo; a segunda, porque ele foi batizado como cristão já enfermo, rejeitando completamente o maniqueísmo de Agostinho. Esta é a fonte do sofrimento imoderado de Agostinho (descrito em 4.4.9–4.7.12): o vazio de sua vida espiritual lhe é exposto, mesmo que ele ainda não esteja pronto para admiti-lo. Quando ele exorta sua alma angustiada a "confiar em Deus", ainda "se lhe dizia: 'Espera em Deus', não obedecia. E com razão, pois o homem tão querido que eu perdera era mais verdadeiro e melhor do que o fantasma em que lhe mandava ter esperança [*i. e.*, o deus dos maniqueístas]" (4.4.9). Essa é, pois, uma perversão mais sutil da amizade: não pela luxúria, nem pela busca do mal; a amizade é bem-intencionada, mas não está enraizada em Deus. Note-se que, quando Agostinho fala da "caridade derramada em nossos corações pelo Espírito Santo que nos é dado", ele reconfigura a amizade, definindo-a como um presente de Deus. É porque Ele nos une à caridade que somos capazes de amar um ao outro. E "feliz o que vos ama, feliz o que ama o amigo em Vós [...]. Só [ele] não perde nenhum amigo [...]" (4.9.14). É com esse amor que Agostinho se esforça para reagir às mortes do Livro 9.

São os amigos de Cartago que o ajudam a se recuperar da desolação da morte desse outro amigo. Uma descrição comovente dos prazeres da amizade terrena – incluindo "[...] ler em comum livros deleitosos, gracejar, honrar-se mutuamente [...]" – conclui-se com uma formulação extática: "como se fossem gravetos, inflamam-se os corações e de muitos destes se vem a formar um só" (4.8.13).

Essa busca pela união é um dos motivos recorrentes das descrições de amizade de Agostinho, antecipando seu desejo de união com Deus. Isso leva a uma construção fortemente pessoal na oração do nosso excerto 1: "Por conseguinte, não existiria, meu Deus, de modo nenhum existiria se não estivésseis em mim. Ou antes, existiria eu se não estivesse em Vós [...]?" (1.2.2). A profunda união do eu e de Deus é algo que só pode ser vagamente esboçado pela amizade humana. Mas é, no entanto, aquela vaga sombra em que o homem se pode deleitar, como uma insinuação de uma união maior.

Importa que nenhum desses amigos, nem mesmo aquele cuja morte provoca tanto sofrimento, seja nomeado? Na verdade, não: os indivíduos não são o assunto dos relatos. O objetivo, na verdade, é, em cada caso, explorar as mudanças e os limites da amizade humana. Podemos examinar prontamente a noção de que a amizade pode degenerar em pressão ou em cobiça dos colegas sem saber os nomes dos envolvidos. James O'Donnell (1992) observa que todos os companheiros de Agostinho nomeados nas *Confissões*, que são "16 no total", são "agentes [...] voluntários ou involuntários de conversão" (em 4.4.7).

Adiante, no progresso de Agostinho em direção à conversão, ele fornece uma biografia em tom anedótico de seu amigo mais próximo, Alípio, que estava com ele no momento do *tolle lege* em Milão, com um breve excurso dedicado a Nebrídio (6.7.11–6.10.17). O trio é imediatamente posto em relação com Deus: "eram, pois, três as bocas que tinham fome e respiravam de umas para as outras a sua nobreza esperando que lhes 'désseis alimento no tempo oportuno'". E são esses dois amigos que ajudam a consolar Agostinho com uma conversa filosófica depois que sua companheira de muitos anos se foi embora: "sim, amava estes amigos, mas com desinteresse. Por sua vez, sentia que eles igualmente me

172

amavam" (6.16.26). A consequência, aqui como em outros lugares (4.2.2), é de que ele não havia amado sua companheira por si mesma, mas que a usava como canal para sua luxúria. A constatação prenuncia, mais uma vez, uma relação correta com Deus. Afinal, como Agostinho formulará mais tarde, Deus é, em última análise, a única coisa que deve ser amada por si mesma – ou, como ele diz, "apreciada" –, pois todo o resto é amado como mero presente de Deus.

Peter Brown observa, em sua biografia de Agostinho, que ele "nunca [...] estava sozinho". Sempre cercado por amigos, acólitos e detratores, ele logra recuar, nas *Confissões*, para refletir sobre o significado da sociabilidade e sobre o papel que ela desempenha na vida do ser humano. O resultado são suas críticas ferrenhas às amizades humanas mal concebidas, bem como sua insinuação de que as amizades humanas podem ser indicações do amor de Deus.

Leitura de aprofundamento

Sobre Alípio e Nebrídio, confira as entradas em Fitzgerald (1999). Sobre a separação de Agostinho e de seu companheiro, confira Shanzer (2002). Sobre a amizade cristã, confira White (1992) e Conybeare (2000, p. 60-90). Sobre a centralidade do amor, confira Van Bavel (1987). A respeito de Agostinho como alguém que "nunca [está] [...] sozinho", confira Brown (2000, p. 50).

3 O eu no tempo

No momento da morte de Mônica, em uma passagem de especificidade única nas *Confissões*, Agostinho registra a idade de ambos. "Enfim, no nono dia da doença, aos cinquenta e seis anos de idade, e no trigésimo terceiro de minha vida, aquela alma piedosa e santa libertou-se do corpo" (9.11.28). Por um lado, isso parece o tipo de enumeração de anos que se pode encontrar em um epitáfio – embora, de fato, o epitáfio de Mônica tenha sobrevivido e seja muito mais destacado, conforme convenientemente reproduzido por O'Donnell [1992] em 9.12.32). Por outro lado, representa uma tentativa típica de Agostinho de situar ambos firmemente no tempo. Nesse instante, a complicada relação entre alma e corpo – o paradoxo do eu humano – é resolvida: a alma toma seu lugar na eternidade, ao passo que o corpo mutável é deixado para trás.

A continuidade do eu no tempo é uma preocupação permanente para Agostinho nas *Confissões*, que confessa estar, muitas vezes, perplexo com isso. A primeira afirmação autobiográfica em toda a obra é: "ignoro donde parti para aqui, para esta que não sei como chamar, se vida mortal ou morte vital" (1.6.7). Ele ainda pergunta a Deus "se a minha infância sucedeu a outra idade já morta ou se tal idade foi a que levei no seio da minha mãe?" (1.6.9). Se a vida é "apenas uma morte", constantemente mutável, evanescente, quem é o "eu" que a vive? Como podemos conversar sobre o "eu" ao longo do tempo? Quando e onde começa o "eu"? Há vida no útero, mas e antes disso? Para Agostinho, a questão está inseparavelmente ligada à origem da alma humana. Sobre isso, ele afirma nunca ter uma resposta. Mais de uma década depois, em uma carta de 411, ele usa o amálgama de alma e corpo no ser humano como uma analogia para a associação do caráter divino e humano em Cristo. Afinal, escreve ele, se ninguém é capaz de explicar o primeiro "então, por que alguém deveria esperar uma descrição desse último?" (*Carta* 137.11) Em um de seus trabalhos finais, ele escreve a respeito de alguns livros que compôs, como *Da alma e de sua origem*, dizendo que "em todos eles [...] manifestei minha hesitação em relação ao problema da origem da alma, que é concedida ao ser humano individualmente" (*Revisões*, 2.56.83).

A hesitação de Agostinho – o "eu não sei" – tem a força de uma afirmação religiosa. Ele se recusa a ser arrastado para uma resposta superficial ou imaginária à pergunta, pois a origem da alma humana é um mistério. (A humildade dessa posição não deixa de ser uma reprovação aos debates bioéticos modernos que tentam estabelecer um cronograma para o aborto.) Ao mesmo tempo, ele não duvida de que exista uma alma humana, ou de que, a partir do instante misterioso em que ela começa a existir, passa a ter uma existência contínua. Mas como explicar as aparentes descontinuidades da vida humana – corpo e alma juntos – quando persiste, de alguma forma, um sentido de "eu"?

"A minha infância morreu há muito; mas eu vivo ainda" (1.6.9). Quase todas as etapas da vida de Agostinho são marcadas assim: com uma declaração de paradoxo e de perplexidade.

> Seguindo o curso da minha vida, não é verdade que da infância passei à puerícia? Ou antes, não foi esta que veio até mim e sucedeu à infância? A infância não se afastou. Para onde fugiu então? Entretanto, ela já não existia, pois eu já não era um bebê que não falava, mas um menino que principiava a balbuciar algumas palavras (1.8.13).

> A minha adolescência má e nefanda já tinha morrido. De caminho para a juventude, quanto mais eu crescia em anos, tanto mais vergonhoso me tornava com a minha vaidade, a ponto de não poder imaginar outra substância além da que os nossos olhos constantemente veem (7.1.1).

O elo que falta é a transição da infância para a adolescência. A chegada à adolescência é marcada quase de passagem (2.1.1), sendo realmente anunciada em uma dolorosa cena nos banhos públicos, quando o pai de Agostinho o vê "com uma adolescência inquieta, minha única cobertura" e começa "saltar de prazer" ao antever os netos (2.3.6). O mais próximo que Agostinho chega da reflexão metafísica sobre essa transição está no final do Livro 2: "na adolescência, afastei-me de Vós, andei errante, meu Deus, muito desviado do vosso apoio, tornando-me para mim mesmo uma região de fome". A palavra "fome" aqui significa, basicamente, "falta": não se refere especificamente à fome, mas à necessidade desesperada que pode ser preenchida com qualquer desejo. Nesse momento, o eu quase não é um eu, e a alma é quase dominada pela lascividade do corpo. Em retrospecto, Agostinho diz sobre esse período que "eu, jovem tão miserável, sim, miserável desde o despertar da juventude [...]". Foi nessa época que ele rezou, numa das passagens mais famosas das *Confissões*: "dai-me a castidade e a continência; mas não já" (8.7.17).

Agostinho vem ao mundo (infância), acede à linguagem (meninice), ao sexo (adolescência) e à metafísica (juventude). No momento em que escreve, ele está à beira da maturidade, isto é, aproximadamente nos meados de seus 40 anos. Ele é perfeitamente consciente de que se trata de estágios da vida, podendo ser designados como descontínuos e, ainda assim, contínuos de alguma forma.

Existem duas maneiras pelas quais Agostinho tenta superar esse incômodo senso de descontinuidade. O primeiro é apresentado no relato de seus primeiros dias em Milão. Ele ainda está se livrando do ceticismo radical que se seguiu à sua desilusão com os maniqueístas e suas falsas promessas de conhecimento e sabedoria. Gradualmente, Agostinho começa a crer na doutrina cató-

176

lica e a entender as questões da fé, ainda que "algumas de suas proposições não tenham sido demonstradas racionalmente". Ele percebe que existe uma enorme variedade de crenças cotidianas sobre coisas que não podem ser provadas, e "em que temos de crer, sob pena de nada podermos realizar nesta vida" (6.5.7). Seu argumento decisivo é:

> Enfim, com que fé inflexível acreditava serem meus os pais de que nasci! E podê-lo-ia saber, se não acreditasse no que ouvia? (6.5.7).

É característica sua vinculação da necessidade de crença nas "trevas do meu esquecimento" (1.7.12), que envolve tanto a infância como o período anterior ao nascimento, no ventre de sua mãe. Ele acredita em que aqueles períodos de sua vida aconteceram e envolveram-no, mas ele sabe que não dispõe de provas. Seu senso de continuidade, apesar das "trevas do meu esquecimento", é fundamentado na crença.

A segunda maneira pela qual Agostinho luta por um senso de continuidade é descrita no Livro 11.

> Ainda que se narrem os acontecimentos verídicos já passados, a memória relata não os próprios acontecimentos que já decorreram, mas sim as palavras concebidas pelas imagens daqueles fatos, os quais, ao passarem pelos sentidos, gravaram no espírito uma espécie de vestígios. Por conseguinte, *a minha infância, que já não existe presentemente*, existe no passado que já não é. Porém, a sua imagem, quando a evoco e se torna objeto de alguma descrição, vejo-a no tempo presente, porque ainda está na minha memória (11.18.23, destaquei).

É a memória que une o tempo passado e confere a sensação de um eu contínuo ao longo do tempo. Assim, quando a memória falha, a crença preenche a lacuna. Além disso, vemos aqui a ligação com a narrativa que estamos lendo. Olhando imagens de eventos passados armazenados em sua memória, Agostinho pode compor um "relato verdadeiro" que conecta as imagens. São as palavras de sua narrativa que formam a ponte entre crença e memória, entre o tempo obscuro da infância (o "não falante", lembre-se) e os estágios de fala a partir da infância. As palavras, como vimos, são símbolos da transitoriedade para Agostinho, e, no entanto, ao passo que narram as mudanças, elas se defendem contra uma ruptura. As palavras de suas *Confissões*, aquelas que expressam dúvida sobre continuidade, são elas, de alguma forma, as garantidoras da continuidade.

LEITURA DE APROFUNDAMENTO

Confira Vance (1982) sobre a relação entre o eu, a linguagem e o tempo. O'Daly (1987, p. 131-151) é extremamente relevante para esta e para a próxima seção; já O'Daly (2008), para esta seção e as anteriores. Lloyd (1999) situa o tema do eu no tempo em uma tradição filosófica mais ampla.

4 Memória e esquecimento

Vamos voltar uma última vez ao leito de morte de Mônica. O magnífico "lampejo de pensamento" que ela compartilha com seu filho em Óstia é, ao que parece, aquilo que finalmente rompe seus laços com o mundo. Seu filho agora se dedicou a Deus, e ela não tem mais razão pela qual orar. "Que faço eu, pois, aqui?", pergunta a ele (9.10.26). E, olhando para esse momento fundamental, a memória do filho falha: "não me lembro bem do que lhe respondi a respeito destas palavras" (9.11.27). Ele a contradisse? Ele lhe agradeceu? Ele lhe deu sua bênção? Ele disse algo grandioso ou trivial? Não é de se admirar que ele gaste boa parte do Livro 10 provocando angustiadamente os meandros da memória.

A motivação declarada para o autoexame é muito maior. Ao passo que Agostinho tece considerações sobre seu projeto e sobre seu método no início do Livro 10, ele pergunta a Deus: "que amo eu quando vos amo?" (10.6.8; repetido em 10.7.11). Toda a criação o aponta para seu criador e, para tentar descobrir o criador, Agostinho se volta para si e começa a explorar os "campos e vastos palácios da memória" (10.8.12).

A exploração da memória é exposta como uma ascensão: "transporei [...] subindo por degraus até àquele que me criou" (10.8.12), "subindo em espírito, até Vós, que morais lá no alto, acima de mim [...]" (10.17.26). E seu progresso cai em um padrão que agora será familiar, passando do reino do corpóreo para a crescente abstração. Primeiro, Agostinho classifica as memórias, que são as imagens das impressões dos sentidos – ele não tem o cuidado de distinguir as próprias impressões dos sentidos – tanto os que são produtos da experiência direta como os compostos da experiência que forma imagens imaginárias. Então, ele passa àquelas memórias que são produtos de processos mentais, "[...] tudo o que não esqueci, aprendido nas artes liberais" (10.9.16). Essas, ele diz, são realidades da memória, e não imagens. Além disso, ele afirma que tudo o que está contido na memória e que não é produto, direto ou indireto, das impressões sensoriais já deveria estar de alguma forma na memória, esperando ser descoberto: "[...] aprender estas noções [...] achamos que consiste apenas em coligir pelo pensamento aquelas coisas que a memória encerrava dispersas e desordenadas e em obrigá-las, pela força da atenção, a estarem sempre como que à mão e a apresentarem-se com facilidade ao esforço costumado do nosso espírito" (10.11.18). Nesta categoria, também se enumeram os conceitos abstratos, como os números, a geometria, a estrutura de argumentos e suas provas. Agostinho acrescenta que este último inclui até mesmo a lembrança verdadeira de um argumento incorreto, o poder de comparar argumentos e, portanto, o "lembro-me de que me lembrei" (10.13.20).

Partindo dessas "realidades" abstratas da memória, Agostinho aborda as emoções e as paixões. Paradoxalmente, ressalta, é possível que se lembre de ter experimentado uma emoção sem experimentá-la novamente. Ainda é possível experimentar uma emoção de maneira bem diferente ao se lembrar de outra: "se recordo, cheio de gozo, as dores passadas do corpo, não é de admirar" (10.14.21). Isso leva à questão: quando alguém rememora uma emoção, trata-se da imagem de uma emoção, tal como ocorre com as impressões dos sentidos, ou é de alguma forma uma realidade, tal como ocorre com os produtos da pura idealidade, como números? Ele confessa nutrir incerteza sobre o assunto tentando testá-lo com os exemplos da própria memória e do esquecimento. "Nomeio a palavra 'memória' e reconheço o que nomeio. Onde o reconheço senão na própria memória? Mas então está ela presente a si mesma, pela sua imagem, e não por si mesma?" (10.15.23). A discussão sobre o esquecimento é ainda mais aporética, terminando assim: "*apesar de ser inexplicável e incompreensível* o modo como se realiza este fato, estou certo de que me lembro do esquecimento" (10.16.25). Voltaremos a isso.

Neste ponto (10.17.26), Agostinho revê seu progresso até agora e reafirma sua busca por Deus. Surge a grande questão: se estamos procurando algo, como sabemos quando o encontramos? Precisamos ter alguma memória residual desse objeto ou nem saberíamos o que estamos buscando. Isso é claramente relevante para a busca de Deus, mas sua primeira aplicação é na busca de uma vida feliz. "Então, não é feliz aquela vida que todos desejam, sem haver absolutamente ninguém que não a queira? Onde a conheceram para assim a desejarem?" (10.20.29). Depois de alguma discussão sobre as diferentes noções de prazer, Agostinho conclui que "encontramo-la [a alegria] na memória e reconhecemo-la sempre que dela ouvimos falar" (10.21.31). O "gozo" é, então, descoberto como a "a felicidade na verdade", e as diferentes conclusões das pessoas a respeito de uma vida feliz se justificam pelo fato de que elas tentam buscar a alegria, não na Verdade, que é Deus, mas em sua própria verdade, conforme definida por elas próprias, que, é claro, não é verdade. "Assim, odeiam a verdade, por causa do que amam em vez da verdade. Amam-na quando os ilumina e odeiam-na quando os repreende" (10.23.34).

Onde, então, está Deus? No início, a resposta é expressa em termos negativos: "e não vos encontrei fora" da minha memória (10.24.35). Depois, é expressa de forma positiva, sendo a conexão com a discussão anterior a noção de verdade: "onde encontrei a verdade, aí encontrei o meu Deus, a própria Verdade. Desde que a conheci, nunca mais a deixei esquecer. Por isso, desde que vos conheci, permaneceis na minha memória" (10.24.35). Agostinho novamente retoma sua ascensão por meio da memória, embora desta vez ele omita o estágio das "realidades" mentais, passando diretamente das impressões sensoriais às emoções. Deus está tanto dentro como acima de tudo. A busca terminou, mas o resultado poderia, talvez, ter sido previsto desde o início.

Existem muitas esquisitices e inconsistências nesse relato de memória, como os comentadores foram rápidos em apontar. Em vez de abrir brechas no relato de Agostinho, no entanto, vale mais a pena considerar como esse exercício extraordinário de introspecção se encaixa nos temas e nas inquietações das *Confissões* como um todo. Afinal, a memória é, como Agostinho deixa claro, o local fundamental de conexão entre o eu e Deus. E, assim como não pode haver narrativa do eu sem memória (daí, em parte, a preocupação angustiante de preencher o espaço em branco de sua infância que vimos na seção anterior), não pode haver narrativa de Deus sem uma memória de Deus para se basear.

Em primeiro lugar, Agostinho une explicitamente a memória, a mente e o eu. "[...] ó meu Deus! Tem não sei que de horrendo, uma multiplicidade profunda e infinita. Mas isto é o espírito, sou eu mesmo" (10.17.26). Ele já disse que "o espírito é a memória" (10.14.21). Mais adiante nas *Confissões*, ele dividirá a mente em memória, intelecto e vontade (uma organização trinitária, semelhante à Trindade que é Deus). Mas aqui ele parece ter uma concepção elástica de memória, que compreende todos os três.

Em parte, isso é possibilitado pela maneira como Agostinho concebe sua busca pela memória. A imagem é a de ele mesmo, no momento presente, caminhando por uma paisagem infinita na qual espera encontrar todas as partes constituintes de si, reunidas por meio de uma existência lembrada, que inclui o seu conhecimento de Deus. E se o eu, em busca de si, soa exagerado, é exatamente assim que Agostinho o representa: ele escreve que "tudo isto realizo no imenso palácio da memória. [...] É lá que me encontro a mim mesmo [...]" (10.8.14). O eu atual de Agostinho encontra, em sua memória, sua própria identidade estendida ao longo do tempo.

A paisagem infinita da memória é repetidamente mencionada. São os "campos e vastas mansões da memória", o "enorme repositório da memória, com suas cavernas secretas e inimagináveis", os "imensos espaços da minha memória", as "planícies, abóbadas e cavernas mensuráveis da minha memória, incomensuravelmente cheias de incontáveis tipos de coisas". Tudo isso apenas para selecionar algumas passagens (10.8.12; 10.8.13; 10.9.16; 10.17.26). Duas coisas que Agostinho viu, montanhas e ondas, por exemplo, e coisas que ele não viu, como o oceano, estão presentes em sua memória para ele contemplar "[...] nos espaços tão vastos como se fora de mim os visse [...]" (10.8.15). Mas esse relato intensamente espacial, quase material, da memória é abruptamente abandonado quando Agostinho finalmente encontra Deus. Quando Agostinho narra sua descoberta de Deus pela primeira vez, ele diz: "por isso, desde que vos conheci, permaneceis na minha memória, onde vos encontro sempre que de Vós me lembro e em Vós me deleito" (10.24.35). Depois de todas as imagens de cavernas e planícies, é como se Deus fosse encontrado em um lugar específico, embora mental, e isso não deixa de parecer um deslize maniqueísta. Agostinho explica rapidamente que, embora Deus seja encontrado na memória e, portanto, na mente, "Vós não sois a mente em si", pois a mente é mutável, ao passo que Deus permanece. E, de repente, ele destrói suas próprias imagens: "por que procuro eu o lugar onde habitais, como se na memória houvesse compartimentos? [...] Nessa região não há espaço absolutamente nenhum. Quer retrocedamos, quer nos aproximemos de Vós, aí não existe espaço" (10.25.36-26.37). O valor dessa rica paisagem, ao que parece, está, acima de tudo, em que, tendo sido atraídos para atravessá-la com Agostinho, nós deveríamos sentir, assim como ele, uma alienação quando ela se afasta repentinamente. Podemos visualizar a caminhada por meio dos espaços da memória, mas não podemos visualizar Deus. A imaterialidade de Deus e sua irredutibilidade à linguagem são trazidas mais uma vez. Agostinho representa-nos vividamente como Deus, embora possa estar presente na narrativa, está incompreensivelmente além de toda narrativa.

Isso nos ajuda a ver o que Agostinho pode estar tentando fazer em uma das partes mais problemáticas de sua discussão sobre memória, isto é, quando aborda a questão de como alguém se lembra do esquecimento. A princípio, o tópico é apresentado de uma maneira que parece replicar uma falácia de Parmênides. (Parmênides foi um filósofo pré-socrático que afirmou que não se podia escrever ou falar sobre nada, porque nada, em absoluto, existia.) Agostinho escreve: "que é o esquecimento senão a privação da memória? E como é, então, que o esquecimento pode ser objeto da memória se, quando está presente, não me posso recordar?" (10.16.24).

Essa questão surge no contexto de exploração dos limites de nomear objetos na memória. Denominamos uma pedra e, então, vemos uma imagem mental dela. Denominamos dor ou saúde física, e, então, deve haver também algum tipo de imagem mental com a qual podemos comparar nosso estado físico, senão, não saberíamos se estamos saudáveis ou com dor. Denominamos memória e sabemos o que queremos dizer, de forma que devemos reconhecê-la em nossa memória. "Mas então está ela presente a si mesma, pela sua imagem, e não por si mesma?" (10.15.23). Ao todo, o verbo "denominar" (*nominare*) é usado onze vezes nessas poucas linhas das *Confissões*, ao passo que é empregado, na sua forma verbal finita, apenas três outras vezes em toda a obra, sendo esses usos mais casuais. Claramente, Agostinho está ilustrando as diferentes maneiras pelas quais o nome de algo pode estar relacionado a um processo mental que reconhece esse nome.

A pergunta sobre o esquecimento está mais intimamente relacionada à primeira instância de nomeação (infelizmente, isso é obscurecido na tradução de Boulding, pois ela escolhe usar um verbo diferente). "Quem de nós falaria voluntariamente da tristeza e do temor se fôssemos obrigados a entristecer-nos e a temer, sempre que falamos (*nominamus*) de tristeza ou temor?" (10.14.22). Agostinho deixa claro que não precisamos imitar as paixões quando as nomeamos, mesmo que entendamos o que se entende por tais nomes. Então, ele já respondeu parcialmente a sua própria pergunta sobre o esquecimento. Podemos nomear o esquecimento e reconhecer o que estamos nomeando, sem, por assim dizer, imitar o esquecimento e sem corromper nosso poder de lembrá-lo.

Até agora, em sua discussão sobre a memória, Agostinho apenas admitiu a noção de recordar coisas por meio de imagens mentais ou, como no caso dos números, por meio de conceitos mentais. Aqui, ele oferece três possibilidades diferentes de maneiras pelas quais o esquecimento é registrado na memória. Nesse ponto, ele parece estar tentando ir além dessas duas explicações para algum tipo de processo mental que não seja capturado nem pela "imagem" nem pelo "conceito". Depois de se debater em nós argumentativos, ele expõe a seguinte conclusão em uma passagem que, aliás, eu já citei parcialmente:

> Enfim, seja como for, *apesar de ser inexplicável e incompreensível* o modo como se realiza este fato, estou certo de que me lembro do esquecimento, que nos varre da memória tudo aquilo de que nos lembramos (10.16.25, destaquei).

Mas a discussão do esquecimento também tem um lado mais complexo. Primeiro, ela ajuda a construir a noção de que Deus pode ser encontrado de alguma forma na memória. Isso mostra que existem diferentes níveis de memória, que se estendem desde o lembrar do que é o esquecimento até o que parece ser um esquecimento verdadeiramente irrecuperável, como aquele ao qual Agostinho é forçado a consignar sua vida na infância e antes do nascimento. Em algum lugar entre os dois existe a possibilidade de alguém ter esquecido algo, mas o reconhecer quando o encontrar. Para ilustrar, Agostinho usa o exemplo da moeda da viúva (10.18.27). Isso insinua a forma pela qual Deus pode estar presente na memória, mesmo que não o tenhamos conhecido até que o procuremos. Quando encontrarmos o que procuramos, devemos reconhecê-lo. Aliás, também abre a possibilidade de que a vida antes do nascimento possa estar em algum lugar na memória, desde que as condições sejam adequadas para encontrá-la. Talvez na vida após a morte? Mas isso é apenas uma antecipação da nossa discussão sobre o tempo.

Uma segunda aplicação da discussão do esquecimento ocorre no final do Livro 10, quando Agostinho está resumindo suas descobertas. "Algumas vezes, me submergis em devoção interior deveras extraordinária, que me transportais a uma inexplicável doçura" (10.40.65). O fato de reconhecermos o esquecimento mostra que podemos reconhecer algo quase irreconhecível, até mesmo uma "inexplicável doçura". Até Deus.

LEITURA DE APROFUNDAMENTO

Para uma introdução à filosofia da memória de Agostinho, confira Teske (2001) e também O'Daly (1987, p. 131-151) (mencionado anteriormente). O'Donnell (1992, III, p. 174-178) (ou seus comentários *on-line* em 10.8.12) cobre boa parte da discussão, embora o latim não esteja traduzido. Stock, (1996, p. 207-232) lê a memória no contexto de autocorreção. Sobre o paradoxo das tentativas da mente em compreender a si mesma, confira Matthews (2003).

5 O problema do tempo

Imediatamente após sua discussão sobre a memória, Agostinho irrompe naquela que se tornou uma das passagens mais famosas das *Confissões*. "Tarde vos amei, ó Beleza tão antiga e tão nova, tarde vos amei!" (10.27.38). A força do "tarde" deriva em parte de seu absurdo. Afinal, o que significa "tarde"? Como alguém pode chegar tarde ao amor de um ser eterno? Agostinho aponta o paradoxo com a frase "tão antiga e tão nova" e, algumas linhas depois, ele esboça um paradoxo adicional: "estáveis comigo, e eu não estava convosco". O que é a temporalidade humana em face do Todo-Poderoso?

No Livro 11, Agostinho se volta para abordar essa questão. Na verdade, ele se pergunta diretamente:

> Que é, pois, o tempo? Quem poderá explicá-lo clara e brevemente? Quem poderá apreendê-lo, mesmo só com o pensamento, para depois nos traduzir por palavras o seu conceito? [...] Quando dele falamos, compreendemos o que dizemos. Compreendemos também o que nos dizem quando dele nos falam (11.14.17).

Seja como for, Agostinho tenta "pôr o assunto em palavras". Seu relato da memória foi tão abrangente, que praticamente exige que produza um relato da noção de tempo, do qual tanto aquele desenvolvimento como seus esforços autobiográficos dependem. Suas confissões são uma conversa prolongada com Deus, e a memória é onde ele vai encontrar a si mesmo e a Deus. A memória não é apenas um repositório de experiências e lições passadas, mas de conceitos e realidades, incluindo, de alguma forma, a realidade mais alta de todas. Portanto, deve lidar não apenas com o tempo passado, mas com a temporalidade de maneira mais geral.

Dá-se à questão, no entanto, especial premência, em razão, mais uma vez, de um impulso antimaniqueísta. Afinal, os maniqueístas, como vimos, não acreditavam na criação do nada, *ex nihilo*. Quando Agostinho tece seu comentário sobre as primeiras palavras de Gênesis: "no princípio, Deus criou o céu e a terra", ele parece ouvir a pergunta zombadora: "que fazia Deus antes de criar o céu e a terra?" (11.10.12, repetido em 11.12.14). Para isso, Agostinho dá pouca atenção: "não houve tempo nenhum em que não fizésseis alguma coisa, pois fazíeis o próprio tempo" (11.14.17; repete enfaticamente a resposta ao final do livro, 11.30.40). O tempo passa a existir no instante da criação do mundo, porque se refere apenas a coisas transitórias que mudam e morrem; o tempo não tem sentido em relação a um Deus eterno. Portanto, a noção de "antes" da criação carece de sentido, porque supõe que o tempo existia independentemente, antes que o céu e a terra fossem criados.

Mas, mesmo tendo estabelecido a dependência do tempo em relação ao ser transitório, em cuja referência a passagem do tempo é medida, Agostinho permanece insatisfeito. Afinal, a questão sobre a verdadeira natureza do tempo, em oposição à forma como se relaciona com o mundo, ainda não foi respondida. Até que encontre uma resposta, podemos supor que ele ainda se sinta vulnerável à zombaria maniqueísta.

Parte do problema, como Agostinho registra, é que, quanto mais se observa com atenção o tempo, mais esquivo o assunto se torna. O tempo passado e o tempo futuro, por definição, não existem: um porque já se foi, o outro porque ainda não chegou. O fato de podermos falar deles não refuta isso: já vimos que podemos reter na memória imagens de coisas que não existem mais ou, como no caso do futuro, que nunca existiram. Isso nos deixa apenas com o presente, seja a memória presente, seja a expectativa presente, seja o verdadeiro "presente das [coisas] presentes" (11.20.26). Podemos subdividir o momento presente até que ele esteja quase desaparecendo, e, ainda assim, não sentimos que tenhamos definido um instante de tempo que possamos medir ou descrever. O tempo "tende a não ser" (11.14.17), pois está sempre desaparecendo.

Vemos muito claramente aqui como a perplexidade de Agostinho, expressa em toda a parte mais autobiográfica das *Confissões*, sobre sua própria continuidade através dos diferentes estágios de sua vida antecipa sua perplexidade com o tempo em geral. (Já citei, na terceira seção deste capítulo, a passagem fundamental que une os dois: 11.18.23.) Como se pode contar uma história sobre coisas do passado e, ainda assim, reter um sentido do presente, que segue, ao mesmo tempo, passando? Como uma coisa em constante fluxo pode ter uma identidade contínua? Como o tempo pode estar presente e ausente, existir e não existir simultaneamente?

O princípio da solução de Agostinho é encontrado na frase acima: o tempo "tende a não ser". O verbo "tender" é quase idêntico ao latim (aqui, *tendit*); sua raiz nos fornece a palavra "tempo", com a qual as formas verbais são descritas, ou seja, se elas se relacionam com passado, presente ou futuro. As palavras também compartilham, com o latim, uma relação com o conceito de tensão, além de estar na base de palavras como "atenção" e "intenção".

É nesses termos que Agostinho oferece uma primeira tentativa de definição de tempo. Ele acabou de rejeitar a noção de que os movimentos do Sol, da Lua e das estrelas possam realmente ser o tempo, apenas servindo de marcadores. Seu exemplo final é a oração de Josué para que os planetas parem em seu movimento para lhe dar tempo de lutar. "E o Sol se deteve e a Lua parou, até que o povo se vingou dos seus inimigos" (Js 10,13). Ele então oferece uma sugestão: "vejo portanto que o tempo é uma certa distensão" (11.23.30).

Boulding usa duas palavras aqui, mas o latim usa apenas uma: *distentio*. É uma palavra incomum, não sendo criação de Agostinho, mas anteriormente usada mais amplamente por um médico do século I chamado Aulo Cornélio Celso. Celso usa a palavra em um sentido técnico para significar algo bastante semelhante à nossa "distensão": um inchaço anormal do tecido corporal. Para Agostinho, no entanto, transportando a palavra para o reino abstrato, suas conotações são bastante diferentes e muito debatidas. A raiz da palavra, *-tentio*, parece se relacionar com o presente instante, a experiência exata do tempo que "tende a não ser". O prefixo *dis-*, por outro lado, sugere distração, dispersão e distanciamento. *Distentio* tenta capturar a presença e a ausência simultâneas do tempo, isto é, a maneira pela qual podemos nos concentrar em um momento particular que ainda se estende ao passado e ao futuro. Nossa consciência do tempo em seu instante fugidio é sempre moldada e modulada pelo *dis-* de outros tempos esquivos.

Ao falar sobre nossa consciência do tempo, estou antecipando a especificação de Agostinho alguns parágrafos depois: "pelo que, pareceu-me que o tempo não é outra coisa senão distensão (*distentio*); mas de que coisa o seja, ignoro. Seria para admirar que não fosse a da própria alma" (11.26.33). O tempo está registrado na mente, sendo medido, na medida em que pode ser medido, na mente.

Para ilustrar seu argumento, Agostinho convida seus leitores a recitar a primeira linha de um hino. (O hino é *Deus creator omnium* de Ambrósio, "Deus criador, ó Senhor de todos", cujas palavras despertaram lágrimas em Agostinho após a morte de sua mãe.) A poesia latina na Antiguidade tardia não era composta com base em esquemas de rima, espécie que só surgiria mais tarde; era composta com padrões de sílabas longas e curtas. *Deus creator omnium* é um exemplo muito simples, sendo composto de sílabas curtas e longas alternadas. Mas Agostinho ainda se pergunta: dado que só podemos ouvir uma sílaba de cada vez, como sabemos se são curtas ou longas? Precisamos ter alguma capacidade de comparar períodos de tempo, o que significa que algo proferido em um determinado instante ainda deve deixar um rastro mensurável na memória (Agostinho está novamente confundindo "memória" e "mente").

Então Agostinho expande seu exemplo para a recitação de um poema inteiro.

> Antes de principiar, a minha expectação estende-se a todo ele. Porém, logo que o começar, a minha memória dilata-se, colhendo tudo o que passa de expectação para o pretérito. A vida deste meu ato divide-se em memória, por causa do que já recitei, e em expectação, por causa do que hei de recitar. A minha atenção está presente e por ela passa o que era futuro para se tornar pretérito (11.28.38).

A imagem se expande ainda mais: para toda uma *performance*, para a vida de uma pessoa, e, por fim, para "toda a história da humanidade". Cada um pode ser expresso como o constante progresso da expectativa na memória, por meio do instante de atenção presente. Isso é o que quase provoca a imagem arrebatadora do universo visto como uma canção na mente de Deus. Agostinho, porém, afasta-se disso: "vosso conhecimento diverge muito do nosso. É extraordinariamente mais admirável e incomparavelmente mais misterioso" (11.31.41).

Afinal, a *distentio*, da qual toda imagem depende, é um estado humano. É totalmente estranho à "eternidade imutável". Quando

Agostinho confessa que "a minha vida é distensão", a palavra que ele usa é *distentio* (a frase em latim é simplesmente *distentio est vita mea*: 11.29.39). No final do Livro 11, ele volta à explicação do Gênesis que lançou toda a discussão do tempo inicialmente, dizendo a Deus:

> Assim como, sem variar de ciência, conhecestes "no princípio o céu e a terra", assim também criastes no princípio o céu e a terra sem modificação alguma da vossa atividade (11.31.41).

LEITURA DE APROFUNDAMENTO

Sobre o tempo e a criação, confira Knuuttila (2014). Sobre o tempo e a conversão, Pranger (2001). Para uma descrição abrangente da noção de tempo de Agostinho em relação ao corpo mortal, confira Nightingale (2011) e Wetzel (2012).

6 Tempo e Trindade

A distensão é estranha ao divino, expressando o estado do ser humano dentro do tempo. Mas, paradoxalmente, ela também espelha o divino de maneira limitadamente humana. Pois, conforme Agostinho descreve a experiência humana do tempo, ela reflete claramente a Trindade.

Aqueles que seguiram a descrição anterior das tríades nas *Confissões* terão notado rapidamente que Agostinho descreve o tempo como triádico, focando no presente: "mas talvez fosse próprio dizer que os tempos são três: presente das coisas passadas, presente das presentes, presente das futuras". Ele continua especificando:

"lembrança presente das coisas passadas, visão presente das coisas presentes e esperança presente das coisas futuras" (11.20.26). Posteriormente, ele expressa de maneira ainda mais concisa: "expectação, atenção e memória [do espírito]" (11.28.37). Esta tríade é claramente distinguida de Deus:

> [...] a expectação das coisas futuras passará a ser intuição, quando se cumprirem. A sua intuição transformar-se-á em memória, depois de se realizarem. Mas todo o pensamento que assim varia é mutável e o mutável não é o eterno; ora, o nosso Deus é eterno (12.15.18).

E, no entanto, podemos localizar prontamente esse relato trinitário do tempo na tríade central das *Confissões*: ser, saber e querer. O saber é o segmento especial da segunda pessoa da Trindade, Cristo, que também é Sabedoria e a Palavra e está relacionado à lembrança. A expectativa e a vontade antecipam o futuro: isso se relaciona com a terceira pessoa da Trindade, o Espírito Santo. A formulação mais complexa e estimulante é a última: a tensão que pertence ao momento fugaz do presente e, ainda assim, garante a continuidade no tempo, dizendo respeito à primeira pessoa da Trindade. "E quem contesta que o presente carece de espaço, porque passa num momento? Contudo a atenção perdura, e através dela continua a retirar-se o que era presente" (11.28.37). Isso denuncia o grande mistério: o ser eterno de Deus permanece inalterado e, no entanto, criou e, de alguma forma, abrange a humanidade, que é mortal e mutável.

"Tensão" e "distensão" expressam a relação humana com o tempo. Agostinho muitas vezes não é sistemático no uso de tais termos, mas podemos dizer com segurança que "tensão" se refere ao tempo presente – portanto, é adequado que Agostinho ordene que sua mente "redobr[e] a atenção" (11.27.34) – ao passo que "distensão" é mais amplo, abrangendo o relacionamento de nossa mente com o passado e o futuro, bem como com o tempo presente. James Wetzel resume admiravelmente o contraste: "como a alma envolve o tempo em uma presença tríplice [atenção], o tempo também desarticula a alma, levando a memória e a expectativa de volta ao 'não mais' e ao 'ainda não' [distensão]".

Há outro uso notável desses conceitos profícuos baseados na tensão. A tríade de Agostinho abrange o tempo no mundo criado, mas ele também abre espaço para a noção de tempo escatológico da mente que se estende para fora do mundo criado, em direção à eterna existência de Deus. Nesse processo, ele explica, em uma das poucas passagens que envolvem diretamente a figura de Cristo, que Cristo é o mediador:

> "A vossa destra recolheu-me" por meio do meu Senhor, Filho do Homem e mediador entre Vós que sois uno e nós que, além de sermos muitos em número, vivemos apegados e divididos por muitas coisas. Assim me unirei por Ele a Vós a quem, por seu intermédio, fui ligado. Desprendendo-me dos dias em que dominou em mim a "concupiscência", alcançarei a unidade do meu ser, seguindo a Deus Uno. Esquecerei as coisas passadas. Preocupar-me-ei sem distração alguma, não com as coisas futuras e transitórias, mas com aquelas que existem no presente (11.29.39).

O papel exato de Cristo não é totalmente explicado aqui; mas, presumivelmente, tem a ver com a adoção de uma mente (e de um corpo!) humano, com a relação dos homens com o tempo, e com e seu retorno à imutabilidade divina, indicando, assim, que isso será possível para todos os humanos. Mas a frase central é "distender sem distrações". Em latim, diz-se *non distentus sed extentus*: "não em distensão, mas em extensão". Agostinho suplantou a problemática distensão humana com uma relação centrada no tempo escatológico: a extensão. O termo é sugerido por Paulo, que escreve: "esquecendo o que fica para trás, lanço-me em perseguição (*extendens* na Vulgata) do que fica para frente" (Fl 3,13).

Isso nos leva de volta, pela última vez, ao episódio de Mônica e Agostinho em Óstia. Enquanto se debruçam para fora da janela, "falávamos a sós [...]", diz Agostinho e os descreve como "esquecendo o passado e ocupando-nos do futuro" (9.10.23). Agostinho ainda não explorou o conceito, mas eles já estão se esforçando para além dos limites do tempo humano, substituindo distensão por extensão. Então, em nosso excerto 3, chega o momento da consumação: "[...] assim como nós acabamos de experimentar, atingindo, num relance de pensamento, a eterna Sabedoria que permanece imutável sobre todos os seres" (9.10.24); "atingindo": *extendimus*. Por meio da extensão, transcendemos as limitações da mente humana e concentramo-nos em Deus. "Ela transcende toda a extensão e todo o espaço volúvel do tempo. A sua felicidade consiste em estar sempre unida a Deus" (12.15.22).

LEITURA DE APROFUNDAMENTO

Tanto Ayres como Cavadini (in: MECONI & STUMP, 2014) são úteis para o tema, embora nenhum deles fale diretamente de extensão ou distensão. A visão geral de O'Connell (1969) está próxima do que se formula aqui e na próxima seção. Taylor (1989, p. 127-142), com menos especificidade, também abrange as duas seções. A citação vem de Wetzel (2012).

7 O eu perante Deus

Agostinho segue, após a passagem *non distentus sed extentus*, refletindo sobre sua condição imperfeita.

> Mas eu dispersei-me no tempo cuja ordem ignoro. Os meus pensamentos, as entranhas íntimas da minha alma, são dilaceradas por tumultuosas vicissitudes até ao momento em que eu, limpo e purificado pelo fogo do vosso amor, me una a Vós (11.29.39).

O tormento de sua própria sujeição ao tempo é expresso pela terceira e última ocorrência do verbo selvagem *dilaniare* – "meus pensamentos [...] são dilacerados" – como ele costumava descrever seu estado após a morte de seu querido amigo (Livro 4) e de sua mãe (Livro 9). A solução dessa sujeição violenta virá na presença do Deus ardente, que refina os metais impuros da humanidade. A imagem é de Ml 3,3, ao passo que a adição do amor de Deus é do próprio Agostinho.

Repetidas vezes nas *Confissões*, Agostinho descreve como é fragmentário o estado da alma ou do eu quando se afasta de Deus. Em parte, como vimos, esse é um tema neoplatônico, mas é concretizado com uma vivacidade e uma urgência que o tornam absolutamente próprio. Ele define o tom no início do Livro 2, ao iniciar a narrativa de seus deboches adolescentes: "concentro-me, livre da dispersão em que me dissipei e me reduzi ao nada, afastando-me de vossa unidade para inúmeras bagatelas" (2.1.1). Seu período de estase moral na idade de jovem adulto é expresso em termos semelhantes: "porém, chegado já aos 30 anos, continuava ainda preso ao mesmo lodo de gozar dos bens presentes que fugiam e me dissipavam" (6.11.18). Quando ele tenta submeter sua vontade às suas próprias ordens, quando está à beira do compromisso com Deus, ele escreve: "nem queria, nem deixava de querer inteiramente. Por isso me digladiava, rasgando-me a mim mesmo" (8.10.22). Nas *Confissões*, verbos de disseminação, dispersão ou dissipação são sempre ruins, repletos de conotações negativas, independentemente do contexto.

Existe apenas uma solução. "Entre todas estas coisas que percorro, depois de vos consultar, só em Vós encontro um reduto para a minha alma. Nele se reúnem os meus pensamentos dispersos, e nada de mim se afasta de Vós" (10.40.65). No entanto, na luta para delinear as técnicas corretas de interpretação bíblica, diz ele: "não me apartarei de Vós, enquanto não me reunirdes todas as partes do meu ser, dispersas e deformadas, para que assim, ó meu Deus e misericórdia minha, me conformeis e estabeleçais na paz desta mãe tão amada [...]" (ou seja, a paz de Jerusalém, a cidade celestial; 12.16.23). Essa condição de ser reunido por Deus é o que salva o ser humano de sua fragmentação no tempo.

Agostinho antecipou essa condição na oração inicial das *Confissões*: agora estamos equipados para ver quão ricamente essa oração expõe os principais temas da sua obra. "Nem vos dispersais, mas nos recolheis" (1.3.3). O que é significativo não é apenas a unidade de Deus diante da fragmentação humana, mas o fato de que é por meio da ação de Deus que a fragmentação se torna uma unidade. E, ao reunir o eu – o eu que se estendeu além de sua transitoriedade humana –, Deus o convida para a paz de seu dia eterno. Em sua discussão sobre o tempo, Agostinho explica o conceito da seguinte maneira: "os vossos anos são como um só dia, e o vosso dia não se repete de modo que possa chamar-se cotidiano, mas é um perpétuo hoje, porque este vosso hoje não se afasta do amanhã, nem sucede ao ontem" (11.13.16). Mas, mais de uma vez já fomos ensinados, desde o início das *Confissões*, a esperar pelo eterno Hoje.

> Sois o mais excelso e não mudais. O dia presente não passa por Vós, e contudo em Vós se realiza, porque todas estas coisas em Vós residem, nem teriam caminhos para passarem se com o vosso poder não as contivésseis. [...] Vós, porém, sois sempre o mesmo, e todas as coisas de amanhã e do futuro, de ontem e do passado, *hoje* as fareis, *hoje* as fizestes (1.6.10).

De fato, a resolução da fragmentação humana no eterno Hoje é a questão que subjaz à passagem mais famosa das *Confissões*: "nosso coração vive inquieto, enquanto não repousar em Vós" (1.1.1).

Excerto 4

O encerramento das Confissões (13.38.53)

São relativamente poucos os leitores das *Confissões* que chegam ao fim da obra. É uma pena, pois o seu encerramento é um júbilo. A riqueza da linguagem de Agostinho continua inabalável até suas palavras finais. E, nos últimos parágrafos, depois das complexidades de exegese da história da criação, ele tenta introduzir seus leitores na serenidade do Sabá de Deus, para o qual a obra tem feito referência desde que lemos que "nosso coração vive inquieto, enquanto não repousar em Vós".

Nos ítaque ísta quae fecísti vidémus, quía sunt, tu aútem quía vídes ea, sunt.	Nós todas estas vossas criaturas Vemos, porque existem e têm ser. Mas porque Vós as vedes é que elas existem.
Et nos fóris vidémus quía sunt, et íntus quía bóna sunt;	Externamente, vemos que existem; e no nosso íntimo notamos que são boas.
tu aútem íbi vidísti fácta, úbi vidísti faciénda.	Vós, porém, as vistes feitas, onde julgastes que se deviam fazer.
Et nos álio témpore móti súmus ad béne faciéndum, pósteaquam concépit de spíritu túo cor	Nós agora somos inclinados a praticar o bem, depois que, inspirado pelo vosso Espírito, o concebeu

nóstrum;

nosso coração.

prióre aútem témpore ad mále faciéndum movebámur

Mas, ao princípio, para o mal. éramos arrastados,

deseréntes te:

desertando de Vós

tu véro, déus úne bóne,

Contudo, Vós, meu Deus e único Bem,

númquam cessásti béne fácere.

nunca deixastes de nos beneficiar.

Et sunt quáedam bóna ópera

Algumas obras realizamos

nóstra ex múnere quídem túo,

com a vossa graça

sed non sempitérna:

mas estas não são eternas.

post ílla nos requietúros in túa

Depois de as termos praticado, na vossa

grándi sanctificatióne sperámus.

grande santificação esperamos repousar.

Tu autem bónum núllo índigens

Vós sois o Bem que de nenhum bem precisa.

bóno sémper quiétus es,

Estais sempre em repouso,

quóniam túa quíes tu ípse es.

porque sois Vós mesmo o vosso descanso.

Et hoc intellégere quis hóminum

Quem dos homens a inteligência deste mistério

dábit hómini?

poderá dar a outro homem?

Quis ángelus ángelo?

Que anjo a outro anjo?

Quis ángelus hómini?

Que anjo ao homem?

A te petátur, in te quaerátur, ad te pulsétur:

A Vós se peça, em Vós se procure, à vossa porta se bata.

200

sic, sic accipiétur, sic inveniétur, sic	Deste modo sim, deste modo se há
	de receber, se há de encontrar e
aperiétur.	se há de abrir a porta do mistério.

Muitos textos e traduções (incluindo Boulding) adicionam um "Amém" após a palavra final, *aperietur*. Mas, como James O'Donnell (1992) aponta, há pouco apoio nos manuscritos para essa leitura, "e o discurso é estritamente uma resposta: a primeira palavra do leitor após a última de A[gostinho]". Até essa interpretação parece muito estática para um final tão dinâmico. "Amém" indica concordância, mas não necessariamente se abre para a ação. Além disso, nessas últimas frases, Agostinho não está em diálogo com seus leitores. Ambos juntos estão se esforçando para dialogar com Deus. Uma resposta mais adequada poderia ser a de que o leitor devesse voltar ao início e tomar a oração inicial como própria.

Afinal, essas palavras finais continuam a grande mudança das *Confissões* que Agostinho anunciou no início do Livro 11, quando disse que estava contando sua história a Deus "para excitar o meu afeto para convosco e o daqueles que leem estas páginas, a fim de todos exclamarmos" – e, como no início das *Confissões* – "Deus é grande e digno de todo o louvor" (11.1.1). No comentário sobre o excerto 1, eu enfatizei a constante troca entre "eu" e "Vós". Aqui, a troca é entre "nós" (*nos*) e "Vós" (*tu*)[8]. O contraste entre *nos* e *tu* é particularmente claro nas três primeiras frases (até "agir bem", *bene facere*). O contraste segue na próxima frase na contraposição mais complexa de pronomes possessivos e pessoais

---

8. Agostinho se refere a Deus na segunda pessoa do singular em latim (*tu*). A tradução adotada, porém, verte tal pronome, conforme a tradição da língua portuguesa, usando a segunda pessoa do plural (Vós) [N.T.].

(*nostra* [...] *tuo* [...] *nos* [...] *tua*). Mas então, apropriadamente, o foco se desloca totalmente para o Vós (*tu*). O ponto de Agostinho é que Deus é a única pessoa a quem se pode apelar por compreensão e por descanso.

As duas primeiras frases retomam, com extraordinária concisão, a relação entre Deus e sua criação. A criação existe na presença de Deus, que é o Ser: as coisas "porque Vós as vedes é que elas existem". Em Deus, não há nem dentro e fora, nem antes e depois. Não havia absolutamente nenhuma existência material antes da criação: a criação existe por causa de um ato de vontade divina. Por outro lado, os humanos têm o privilégio de ver as coisas criadas. Ao se voltar para dentro, eles percebem que a criação é boa e, a partir disso, passam a entender a bondade de Deus.

Ao perceber essa bondade, "começamos a agir bem" – ou "a fazer coisas boas" –, o que nos aproxima de Deus, que sempre "age bem". No entanto, em nossa ação, há inquietação, ao passo que, no forte paradoxo de Deus agir bem, há exclusivamente repouso eterno.

Exortando a si mesmo e a seus leitores a buscar a compreensão, Agostinho recorre a Mt 7,7-8 e ao sermão de Cristo na montanha. Essas frases têm servido de *leitmotiv* desde o início das *Confissões*. O primeiro parágrafo da obra promete que quem procura o Senhor o encontrará. A frequência dos apelos aumenta em meio às complexidades dos livros finais. "Meu espírito ardeu em ânsias de compreender este enigma tão complicado. [...] não fecheis ao meu desejo estes problemas comuns e ao mesmo tempo misteriosos" (11.22.28). O primeiro parágrafo do Livro 12 lida com o tema ("procurar requer mais o dialogar do que o encontrar") e, depois, cita a passagem de Mateus na íntegra. Na tradução de Boulding: "Pede, e obterás; procura, e acharás; bate e a porta será aberta para ti. Todos os que perguntam, compreendem; todos os que buscam encontram; e para aqueles que batem à porta, ela será aberta". Nos versículos da Bíblia em latim, os três pares de verbos da primeira frase são repetidos na segunda. Aqui, com requintada concisão, Agostinho reduz cada um dos pares a uma única frase: *A te petátur, in te quaerátur, ad te pulsétur: sic, sic accipiétur, sic inveniétur, sic aperiétur.* (Mais tarde, revisando seu comentário sobre o Sermão da Montanha, Agostinho escreverá: "pensei que o modo pelo qual essas três coisas diferiam umas das outras deveria ser minuciosamente examinado. Mas todas elas podem ser mais bem reduzidas a um premente pedido" (*Revisões*, 1.19.18). Neste caso, ele segue seu próprio conselho.)

Até a repetição de *sic* ("assim") na frase final das *Confissões* lembra a frase de abertura da obra. No excerto 1, lemos *etiam sic, domine, etiam sic*, traduzido por Boulding da seguinte forma: "sim, Senhor, essa é a verdade, essa é realmente a verdade". Esse modo enfático de afirmação é bastante incomum. De fato, existe apenas uma passagem semelhante em todas as *Confissões* e, nesse caso, o contexto é enfaticamente negativo. *Sic, sic, étiam sic ánimus humánus, étiam sic cáecus et lánguidus, túrpis átque índecens latére vult* ("É assim, é assim, é assim também a alma humana: cega, lânguida, torpe e indecente, procura ocultar-se e não quer que nada lhe seja oculto", 10.23.34). Poderia não valer a pena enfatizar essa repetição de advérbios, caso ela não apontasse para a explosão emotiva que marca o início e o fim das *Confissões*.

A estrutura conceitual dessas linhas finais é extraordinária. Aqui, como em muitas outras passagens das *Confissões*, a intensidade emocional não impede a elaboração. Pelo contrário: elas se complementam e se reforçam. *A te petátur, in te quaerátur, ad te pulsétur*: "de ti [...] em ti [...] para ti". Nós recebemos de Deus;

mas devemos ir para Deus. Em Deus – inserto no meio da tríade – tudo acontece. O movimento narrativo é tão ágil, que é fácil deixá-lo passar despercebido. Ainda assim, ele resume o movimento afetivo das *Confissões*.

E finalmente: *sic, sic accipiétur, sic inveniétur, sic aperiétur.* Literalmente: "Será recebido [...] será achado (..). será aberto": três verbos de uma promessa confiante, antevendo o fim dos questionamentos humanos e das inquietações em Deus.

A última palavra das *Confissões* é um verbo no tempo futuro e na voz passiva: será aberto. Treze livros se passaram em uma passagem apaixonante. O leitor se colocou em prontidão: tudo está ainda por vir.

V

POSFÁCIO

1 A continuação das *Confissões*

Depois de concluir as *Confissões*, Agostinho permaneceu muito prolífico, escrevendo e ditando textos até o fim de sua vida. Ele produziu comentários à Bíblia (mais notavelmente, o *Comentário literal ao Gênesis*) e de exposição teológica (sobretudo, *A Trindade* e *A cidade de Deus*). Ele produziu centenas de cartas e, segundo se estima, milhares de sermões, dos quais cerca de oitocentos sobrevivem. Ele produziu, ainda, muitos tratados de ocasião, muitas vezes escritos sob pressão para abordar um conjunto específico de perguntas ou combater uma interpretação herética. Sempre se mostrando um verdadeiro polemista, ele nunca se permitiu desvencilhar do difícil processo de formar e refinar a doutrina da Igreja. Mas ele nunca mais escreveu nada remotamente similar às *Confissões*.

No final de sua vida, aproximadamente em 427, Agostinho impôs a si mesmo uma tarefa incomum: ele se comprometeu a revisar cada um de seus trabalhos segundo a ordem de composição, relendo-os e corrigindo tudo o que ele, então, julgasse ter sido escrito por engano. O projeto não era original, pois o escritor e médico do século II, Galeno, havia empreendido algo semelhante, embora em grego. No entanto, isso supunha um esforço monumental. (O trabalho resultante é conhecido por *Revisões* ou *Reconsiderações*, sendo o último nome mais próximo ao sentido do original do latim, *Retractationes.*)

Agostinho sabia há muito tempo que ele usava a escrita como forma de elaboração de suas próprias ideias. Como ele reconheceu em uma carta de aproximadamente 412 a Marcelino, emissário imperial enviado à África e a quem ele dedicara *A cidade de Deus*, "confesso abertamente [...] que me esforço para ser um daqueles que escrevem por terem feito algum progresso e para que, por meio da escrita, faça mais progressos" (*Carta* 143.2). Ele, portanto, ao menos em tese, adotou a correção. Ao mesmo tempo, a responsabilidade pelo que já havia publicado pesava sobre ele, de forma que, por vezes, tentava manter algumas obras fora de circulação para ter mais tempo para ponderá-las e corrigi-las. A mesma carta dá exemplos dos *Comentários sobre Gênesis* e de *A Trindade* (*Carta* 143.4).

Originalmente, Agostinho planejava revisar também suas cartas e seus sermões em um estilo semelhante. O prólogo das *Revisões* ainda testemunha essa ambição: "minha tarefa é reconsiderar meus trabalhos sob uma perspectiva intransigentemente crítica, sejam eles livros, cartas ou sermões, e destacar, nessas páginas, como censura, o que eu desaprovo". Ele morreu antes que pudesse completar esses volumes suplementares. Mesmo assim, a natureza minuciosa desse projeto tardio é notável. Cada trabalho recebe seu título, um breve resumo das circunstâncias de sua composição e diversos comentários, críticas ou elucidações muito específicas. Cada entrada termina com as primeiras palavras da obra, conhecida como *incipit* (o que é o sonho de um bibliógrafo, porque ajuda a garantir a identificação de obras sem atribuição em manuscritos).

Isso faz as *Revisões* parecerem um trabalho calmo e desapaixonado. Na verdade, porém, é o contrário. O trabalho é cercado de controvérsias e discussões em quase todos os aspectos. Uma série cacofônica de oponentes emerge em suas entradas: pagãos, arianos, origenistas, priscilianistas e marcionitas. Existem três grupos cuja presença é particularmente forte. Podemos adivinhar o primeiro com base nas *Confissões*: os maniqueístas. Há ainda quem não seja mencionado nas *Confissões*, apesar de Agostinho estar em conflito quase constante com o grupo à época de composição da obra: trata-se dos donatistas, seita africana cismática. Acima de tudo, no entanto, as *Revisões* são atormentadas por uma heresia que Agostinho só identificou mais tarde em sua vida: o pelagianismo. Pelágio ensinou que os esforços do ser humano eram fundamentais para a salvação, minimizando o efeito da graça de Deus. Agostinho levou isso muito a sério, e vários de seus últimos trabalhos sustentaram uma vigorosa defesa da graça e, em particular, de seu poder único de nos salvar da mácula oriunda do pecado de Adão. O jovem bispo de Eclano, no Sul da Itália, o "pelágio Juliano", mostrou-se um adversário particularmente formidável nesses anos, e as manchas desse conflito marcam as páginas finais das *Revisões*.

Em geral, as *Revisões* frequentemente contextualizam um trabalho em um estilo fortemente acusatório. Uma entrada começa assim: "naquele exato momento, quando estávamos lutando ferozmente contra os donatistas e já começávamos a lutar contra os pelagianos..." (cf. a entrada para um livro de Honorato sobre a graça no Novo Testamento: *Revisões*, 2.36.63). Agostinho não hesita em usar o tipo de linguagem que já o vimos usando contra os maniqueístas nas *Confissões*: fala em "delírios" dos maniqueístas (*Revisões*, 1.15.14), em "blasfêmia" (2.7.34), ou afirma que "insistem com petulância odiosa" (1.9.8). Já os donatistas "criaram um cisma por meio de suas falsas acusações" (2.17.44); os "hereges priscilianistas [...] pensam que sua heresia deve ser mantida oculta não apenas por negação e mentira, mas também por perjúrio" (2.60.87). O que Agostinho viu como o ataque pelagiano à graça de Deus é combatido antes mesmo da carta: na entrada para um de seus primeiros trabalhos, *Do livre arbítrio*, ele escreve: "vós podeis ver como, muito antes da existência da heresia pelagiana, discutimos esses pontos como se nós já estivéssemos discutindo com eles" (1.9.8). Este trabalho, de fato, é esclarecido e defendido em extensão excepcional. Não é de admirar que o *incipit* dos seis livros de Agostinho em resposta a Juliano [de Eclano] simplesmente diga: "suas palavras abusivas e escandalosas, Juliano [...]" (2.62.89).

Nesse ambiente conturbado, a entrada relativa às *Confissões* se destaca pela falta de controvérsias. Imprensado entre duas obras, uma contra a seita de Donato, outra, composta por 33 livros em resposta a Fausto, um maniqueísta, a entrada relativa às *Confissões* fornece um interlúdio de prazer e paz. A entrada começa (segundo a tradução de Boulding, tirada ao início do seu volume das *Confissões*):

> Os treze livros das minhas *Confissões* lidam com as minhas boas e as minhas más ações, louvando, assim, o nosso justo e bom Deus. Agindo assim, elas elevam a mente humana e as afeições em direção a Deus. Tanto quanto sei, elas tiveram esse efeito em mim, ao escrevê-las, e seguem o tendo naqueles que as leem hoje. O que outros pensam a respeito delas, isso cabe a eles dizer. Mas eu sei que elas deram prazer, no passado, e seguem dando prazer hoje a muitos dos meus irmãos (*Revisões*, 2.6.33).

Em nenhuma outra entrada das *Revisões*, Agostinho expressa tanta satisfação por sua realização. Para ele, assim como para inúmeros leitores que o seguiram, as *Confissões* formam um trabalho à parte.

Foi sugerido, no entanto, que as *Revisões* seriam, de alguma forma, uma continuação das *Confissões*. Nesse caso, elas seriam o oposto do tipo das *Confissões*, que é a imagem negativa do trabalho anterior. Enquanto as *Confissões* são abertas e sugestivas, as *Revisões* buscam a especificidade. Enquanto as *Confissões* são aparentemente livres, mas tematicamente coerentes, as *Revisões* são sistematizadas cuidadosamente, em organização temática. Enquanto as *Confissões* tomam seu ponto de partida na pessoa de Agostinho, as *Revisões* substituem sua pessoa pelo *corpus* de seus escritos. Enquanto as *Confissões* conversam com Deus, as *Revisões* tratam dos oponentes de Agostinho, do passado e do futuro. Ambas têm como público mais amplo seus leitores, favoráveis ou desfavoráveis. As *Revisões* contêm seu próprio interesse e originalidade, mas são muito diferentes das *Confissões*.

Agostinho morreu em 430, enquanto Hipona estava sitiada pelos invasores vândalos, um povo germânico, que, posteriormente, tomaria Cartago e governaria o Norte da África por um século. Parece que a devoção aos salmos que canta em quase todas as páginas das *Confissões* permaneceu com Agostinho até o fim:

> Ele ordenou que aqueles Salmos de Davi, que são especialmente penitenciais, fossem copiados e, quando ele já estava muito debilitado, ele costumava ficar deitado na cama, encarado a parede em que se havia pendurado as folhas de papel, fitando-as, lendo-as e chorando copiosa e continuamente na medida em que as lia.

O excerto é tirado à *Vida de Agostinho*, de Possídio, composta nos anos imediatamente subsequentes à morte do biografado, sendo, sem dúvida, outra obra que poderia ser candidata a continuação das *Confissões*. Possídio era um monge do mosteiro de Agostinho que se tornou bispo da cidade de Calama na Numídia (hoje, Guelma, na Argélia), a cerca de 40 milhas a Sudoeste de Hipona. Sua vida está muito distante de uma hagiografia convencional. Corajoso e prático, embora moldado pela admiração e pelo louvor, ele traz Agostinho firmemente preso à terra. O foco de Possídio não está na vida interior de Agostinho ou em sua competência teológica. Em vez disso, sua obra está repleta de detalhes a respeito de confrontos e debates específicos, da política da Igreja – incluindo as circunstâncias da ordenação irregular de Agostinho como bispo enquanto a Sé de Hipona ainda estava ocupada por seu antecessor –, de detalhes práticos, como o manejo, feito por Agostinho, de heranças contestadas em benefício de sua Igreja e, ainda, sua insistência em nunca ficar sozinho com uma mulher. Um dos poucos momentos de concordância com as *Confissões* vem de uma anedota que se passa no leito de morte de Ambrósio de Milão, ressaltando a importância deste último para Agostinho (*Vida*, 27). Possídio observa que Agostinho "gostava de ter [sua mente] sempre livre de todas as angústias mundanas" (*Vida*, 24). Intui-se que o próprio Possídio prefere se ocupar das coisas mundanas. O efeito é o de produzir outro tipo de obra, oposto às *Confissões*.

Acima de tudo, Possídio prepara o terreno para a integração de Agostinho a suas obras escritas. De fato, ele decretou essa integração cedendo uma parte substancial da sua obra às próprias palavras de Agostinho, reproduzindo na íntegra o texto de uma carta em que discute as circunstâncias em que o clero sob perseguição ou ataque pode ter permissão para deixar sua congregação. (A resposta: nunca, em nenhuma circunstância, é permitido abandonar a congregação.) No meio da obra, ele anuncia que anexará a ela um

Indiculus (literalmente, um "pequeno índice") de todas as obras de Agostinho que ele pôde encontrar. Ele discretamente reconhece o lado polemista de Agostinho ao, em primeiro lugar, agrupar as obras de acordo com seus respectivos antagonistas, e só depois fornecer uma lista das obras "compostas para o benefício de todos aqueles que desejam aprender", o que inclui as *Confissões*. Possídio, então, dá instruções para o uso do *Indiculus*:

> Qualquer um que o leia, e que valorize mais as verdades de Deus do que as riquezas mundanas, será capaz de decidir sozinho o livro que deseja ler. Caso queira fazer uma cópia do livro, ele deve se dirigir à igreja de Hipona, onde os melhores textos podem, em geral, ser encontrados. Ou então, é possível que ele proceda a buscas, em qualquer outro lugar, e faça uma cópia do que ele encontrar, preserve-o e não hesite em emprestá-lo a alguém que queira fazer uma cópia (*Vida*, 18).

Essas instruções práticas são muito cativantes, tanto mais quando refletimos que elas foram escritas em um momento de extrema turbulência no Norte da África, à medida que as invasões dos vândalos seguiam firme nos anos 430. Possídio mostra uma fé comovente de que os "melhores textos" permanecerão em Hipona. De fato, parece provável que, em algum momento após a morte de Agostinho, toda a sua biblioteca tenha sido transferida para o lado norte do Mediterrâneo, como forma de garantir sua preservação.

LEITURA DE APROFUNDAMENTO

Burnaby (1954) ainda é útil. Confira também Leyser (2012) e, sobre outras manifestações do legado literário imediato de Agostinho, Vessey (1998).

2 A fortuna das *Confissões*

Nas considerações finais de Possídio, ele reitera sua convicção de que Agostinho sobreviverá em seus escritos: "É por meio deles, graças a Deus, que sua qualidade e estatura na Igreja são conhecidas pelo mundo. E, neles, ele sempre viverá entre os fiéis" (*Vida*, 31). Tanto Agostinho, com suas *Revisões*, como Possídio, no *Indiculus*, fizeram o possível para garantir a sobrevivência das obras. Possídio, em particular, ao conceber o *Indiculus* explicitamente como um complemento à sua *Vida*, mostrou que as obras faziam parte do homem. O *Indiculus*, no entanto, circulou separadamente da *Vida*. Até hoje, editores e tradutores tendem a separar esse índice do restante da *Vida*. De qualquer forma, o trabalho de Possídio nunca foi tão popular quanto as próprias *Confissões*.

Mais de 300 manuscritos das *Confissões* sobreviveram à Idade Média, muitos deles admiravelmente ilustrados. A respeito, Courcelle fornece uma variedade de imagens em um apêndice. O mais antigo dos manuscritos data do século VI. A primeira edição impressa saiu em 1470, e o apelo contínuo da obra é exemplificado pelo grande número de traduções, algumas das quais, especialmente as mais populares, discuti no prefácio, e que agora estão disponíveis, considerando apenas as traduções para o inglês.

Mas, para todos os seus leitores ansiosos ao longo dos séculos, as *Confissões* provaram ser um percurso difícil de seguir. Muitos autores tentaram repeti-las, ou extraíram partes delas em busca de inspiração, crítica, ou ainda de ambas. Dificilmente alguém produziu uma obra igualmente convincente. Uma das primeiras obras que podem reivindicar esse elogio, a suposta *Confissão* de São Patrício da Irlanda, do século V, ao mesmo tempo em que entrelaça um punhado de história da sua vida com declarações apaixonadas de fé em um estilo semelhante ao das *Confissões*, provavelmente deriva suas aparentes semelhanças com o texto de Agostinho da inspiração compartilhada pelo Livro de Tobias, e não do contato direto com as *Confissões*. Outras obras da Idade Média que mostram claramente certo conhecimento direto das *Confissões* – os *Eucarísticos*, de Paulino de Pella, do século V, por exemplo, ou as *Monodiae* de Guiberto de Nogent, do século XII – têm correspondências em alguns dos temas autobiográficos, mas ficam aquém do esperado se comparadas à intensidade estilística das *Confissões*. (De fato, o trabalho de Guiberto, que toma por tema a confissão somente até começar a fazer um relato intrincado da política contemporânea, assemelha-se mais a Possídio do que a Agostinho.)

Petrarca, o humanista do século XIV, chamou, de fato, Agostinho a uma figura que criara para ser seu interlocutor em uma grande obra sua, o *Secretum*, afirmando que as *Confissões* eram um de seus livros favoritos. As *Cartas familiares* (4.1) relatam a escalada, com seu irmão, do Mont Ventoux ("monte ventoso"). A jornada começa com uma lógica prosaica – "meu único motivo era o desejo de ver o que uma escalada tão grande tinha a oferecer" –; mas, uma vez que os dois estão a subir, seu progresso é cada vez mais descrito por alegorias. Seu irmão escolhe um caminho ascendente difícil e desafiador. Já Petrarca, tentando evitar o esforço, escolhe um caminho mais fácil, que o leva ladeira abaixo, e o faz levar algum tempo para alcançar seu irmão. "Para minha irritação e para a diversão de meu irmão, cometi esse mesmo erro três ou mais vezes durante algumas horas". Eventualmente, ele se recompõe e tira a conclusão moral óbvia: que, se ele deseja atingir o cume – seja material, seja espiritual – ele deve perseverar e seguir o caminho difícil. Alcançado o cume, os dois param e põem-se a refletir. Petrarca recorda a primeira frase do Livro 2 das *Confissões* –

"Quero recordar as minhas torpezas passadas e as depravações carnais da minha alma, não porque as ame, mas para vos amar, ó meu Deus" –, mas lamentavelmente admite que ele ainda não atingiu esse nível de realização espiritual: ele ainda ama o que está errado, embora contra sua vontade. Nisso, ele pega sua edição de bolso das *Confissões* e abre-a aleatoriamente para encontrar uma passagem de orientação, imitando conscientemente os momentos de conversão tanto de Agostinho, no jardim de Milão, como os de Santo Antão antes dele. A passagem resultante provém do Livro 10, em que Agostinho está maravilhado com o mistério da memória e os esconderijos insondáveis da mente, dizendo:

> Os homens vão admirar os píncaros dos montes, as ondas alterosas, as largas correntes dos rios, a amplidão do oceano, as órbitas dos astros: mas não pensam em si mesmos! (10.8.15).

Petrarca toma isso como um poderoso apelo ao autoexame, descendo a montanha em silêncio.

Apesar de toda a meticulosa evocação da cena do jardim nas *Confissões*, a versão de Petrarca é simples e pouco convincente. Ele tenta imitar o autoexame e a autocrítica de Agostinho, mas acaba sendo apenas sentencioso. Suas referências textuais, como a Bíblia, as *Confissões* e as *Geórgicas* de Virgílio são colocadas entre aspas, em vez de ser integrados ao seu progresso. Acima de tudo, ele carece completamente da ênfase dada por Agostinho à importância do convívio. Como vimos, mesmo quando Agostinho sobe às alturas da contemplação espiritual, em Óstia, ele o faz em diálogo com sua mãe, e a insinuação da alegria compartilhada por ambos é parte do que anima a narrativa de seus últimos dias juntos. No jardim de Milão, embora seu encontro com a Bíblia ocorra sozinho – exceto pela voz não corpórea lhe exortando a *tolle lege* – Alípio paira ao fundo. Afinal, a cena se inicia com uma conversa angustiada e termina com a conversão exemplar do próprio Alípio: "firmou-se no desejo e bom propósito, perfeitamente de acordo com os seus costumes regrados" (8.12.30). O irmão de Petrarca, seu companheiro na escalada, é, no entanto, ignorado. Não há aí o sentido de que a conquista espiritual seja mais rica por ter sido compartilhada. A leitura desta carta nos dá uma noção melhor do dinamismo quase inimitável das *Confissões*.

As *Confissões* continuaram sendo uma obra mais citada do que emulada durante toda a época de redescoberta das obras de Agostinho no contexto da Reforma e da Contrarreforma, nos séculos XVI e XVII. Montaigne, Pascal e Descartes estão todos, de maneiras diferentes, em dívida com o Agostinho das *Confissões*, embora esse legado esteja longe de ser direto. Rousseau revive o título de *Confissões* no século XVIII, ao passo que sugere uma relação ambivalente com seu antecessor agostiniano. Afinal, ele começa, provocativamente, escrevendo que seu projeto não tem modelo anterior. Às vezes, porém, o teor da narrativa autobiográfica de Rousseau é estranhamente semelhante às *Confissões*, mas ele apaga a estrutura de uma conversa com Deus em favor de uma forma narrativa mais convencional, sendo essa distinção fundamental.

LEITURA DE APROFUNDAMENTO

Pollmann (2013) é essencial: existe uma entrada para cada um dos autores brevemente mencionados acima. Confira também os ensaios de Saak e Brachtendorf (in: VESSEY, 2012). Para mais informações sobre Petrarca e Agostinho, confira Stock (1995).

3 Autobiografias e o eu

Talvez as *Confissões* sejam tão resistentes à imitação porque são muito complexas e pessoais na seleção de seus temas e preocupações. Isso repropõe a questão que começamos a abordar na introdução: o que são as *Confissões*, afinal?

Lá, concluímos que a "confissão" envolvia, acima de tudo, conversa e reconhecimento de Deus: o processo contínuo que Agostinho descreve na expressão peculiar "fazer a verdade". Adiante, ele acrescenta um critério preciso para "fazer a verdade": "confessarei, pois, o que sei de mim, e confessarei também o que de mim ignoro" (10.5.7, em que o latim repetitivo lembra uma canção infantil: *confítear érgo quid de me scíam, confítear et quid de me nésciam*).

As *Confissões* são frequentemente definidas como uma autobiografia e, de uma forma ou de outra, como a primeira (ou primeira grande) autobiografia da literatura ocidental. Ao rastrear sua fortuna na seção anterior, concordei tacitamente com essa conclusão. Mas ela está, de fato, adequada? O termo "autobiografia" foi cunhado apenas ao final do século XVIII, sendo um composto dos termos gregos para "si", "vida" e "escrita". Considerando tudo o que Agostinho julgou estar fazendo ao embarcar na composição das *Confissões*, ele não estaria contribuindo para um gênero preestabelecido de autobiografia. Além disso, no decorrer deste livro, vimos quão particular é o relacionamento dele com as categorias "vida" e "escrita". Os episódios de sua vida que ele escolhe narrar estão presentes apenas a serviço de um todo muito mais amplo, que compreende as orações, a exegese bíblica e a reflexão filosófica com a qual se ocupa a maior parte das *Confissões*. Sua escrita não é apenas uma escrita qualquer: ela sempre se aproxima das fronteiras com a língua falada e até cantada. A influência exercida pelos salmos, especialmente, demonstra esse estado sutil. Também o demonstra a presença cintilante da palavra – ou do Verbo – de Deus por trás dos gestos humanos inadequados de Agostinho.

É o "eu", no entanto, a categoria mais problemática das três. Para começar, não existe sequer uma palavra dedicada para o "eu" em latim. Quando Agostinho escreve "confessarei, pois, o que sei de mim, e confessarei também o que de mim ignoro", ele está usando um pronome pessoal (ou seja, "sobre mim"), assim como faz quando lamenta ter se tornado "num enigma" (4.4.9; 10.33.50). Isso não significa necessariamente que Agostinho careça de um conceito de eu, mas precisamos estar alerta a como ele se efetiva. (Existem palavras específicas para "alma" e "mente", e, às vezes, Agostinho parece confundi-las com algo semelhante ao nosso "eu", como vimos no cap. IV, seção 7, "O eu diante de Deus".) Mas eles estão longe de ser sinônimos.

Qual é, então, o "eu" cuja confissão abrange tanto o saber como o não saber? Talvez seja mais fácil começar pelas definições negativas. Não é a alma sozinha, nem a mente. Tampouco é o corpo sozinho. No entanto, o modo como nossa palavra "eu" tende a encobrir o pronome pessoal sugere que ele é a pessoa corporificada, o corpo, a mente e a alma como um todo. (Isso pode ser considerado, de forma não menos importante, a consequência de pensar nas implicações da encarnação de Cristo.) Isto é, como vimos, consistente com o pensamento de Agostinho, que se recusa a abandonar o corpo em favor de uma adesão inabalável ao espírito ou a propriedades metafísicas do ser humano. Isso nos deixa, no entanto, com uma questão adicional: onde os limites do eu devem ser estabelecidos? Eles não podem ser restringidos pelos limites do corpo humano, pois isso tornaria absurda a inclusão da alma. Agostinho, como é sabido, aconselha o leitor, em um de seus primeiros trabalhos, *A verdadeira religião*, ao seguinte: "Não vá para o exterior, volte-se para dentro de si. A verdade vive no homem interior" – ou, como também podemos traduzir, "no eu interior" (*A verdadeira religião* 39.72). Nesta profunda imersão no eu, encontra-se a verdade que é compartilhada entre os seres, e que é, na verdade, Cristo.

Assim, ao escrever um trabalho que diz respeito a si próprio, uma autobiografia *avant la lettre*, Agostinho estava longe de afirmar os limites de um eu demarcado e de contar a história de um indivíduo. Ele estava, pelo contrário, contando a história de como o eu – qualquer eu – está fundamentalmente conectado a Deus, sendo criado por Deus e conectado a outros seres criados, e retornado ao próprio Deus por meio de Cristo. Assim, se suas noções de "vida" e "escrita" se aproximam dos limites do que poderíamos considerar hoje essas categorias, sua noção de "eu" é fundamentalmente diferente das noções modernas, às quais a maioria de nós adere, isto é, de indivíduos singularmente responsáveis por sua própria formação e desenvolvimento. O eu é um presente de Deus e torna-se tanto mais ele mesmo quanto mais se volta na direção de Deus. É assim que, ao confessar o eu, podemos confessar o que sabemos e o que não sabemos. Afinal, é inerente ao processo o fato de que nós sempre estaremos ultrapassando nossos próprios limites em direção a Deus, que nunca pode ser totalmente conhecido por nós.

O outro problema com o termo "eu" é que, ao impor um único substantivo à variação de termos latinos distintos, ele pode sugerir algo estável e fixo. Poderia, de fato, sugerir um objeto para o qual poderíamos apontar e dizer: "sim, este é o eu". Isso, para Agostinho, é absolutamente falso. O eu é infinita e ilimitadamente receptivo à graça de Deus, e isso exige manter-se em uma disponibilidade

218

perpetuamente flexível. Pode, metaforicamente, desviar-se de Deus ou se afastar dele, mas nunca será estático, pois sempre está em um relacionamento dinâmico com Deus. Ao narrar o eu, Agostinho está narrando não apenas o desejo do eu por sua própria história; mas, mais importante do que isso, o infinito desejo do eu por Deus.

Isso mostra por qual razão o termo "autobiografia" é uma descrição inadequada para as *Confissões*. Se tivéssemos uma concepção tão dinâmica do "auto" quanto Agostinho, então "autobiografia" seria um termo menos problemático. Isso aconteceria se tivéssemos a expectativa de que o eu estivesse em constante diálogo com Deus por meio da oração, da exegese bíblica e da autorreflexão filosófica. Mas isso não se verifica.

Surge outro problema. As *Confissões* de Agostinho são comumente celebradas como um marco fundamental na formação (ou invenção) ocidental do "eu". A profunda interioridade supostamente exibida na exortação de *A verdadeira religião* a "retornar a si mesmo" e, de maneira mais geral nas *Confissões*, está frequentemente ligada diretamente a Descartes e a sua posição epistemológica fundamental, *cogito ergo sum* ("penso, logo existo"), e, portanto, a toda concepção moderna inicial do eu. Mas, embora se possa encontrar passagens nas *Confissões* que são aparentemente semelhantes a Descartes, a noção de eu é muito diferente. Há, sobretudo, pouca ênfase na insistência de Agostinho a respeito da importância do corpo, bem como do diálogo contínuo do eu com Deus.

LEITURA DE APROFUNDAMENTO

Misch (1951) ainda é o ponto de partida para a autobiografia no mundo antigo, mas precisa muito de um sucessor. Ele discute as *Confissões* no volume II (p. 625-667). Confira Smith e Watson (2001) e

Cavarero (2000) para a escrita sobre a vida de maneira mais geral. Sobre o eu em Agostinho, confira, novamente, Taylor (1989), que pula de Agostinho para Descartes. Confira também Conybeare (2000, p. 131-160) e Cavadini (2007).

4 Confissões *de Derrida*

No século XX, partes das *Confissões* influenciaram não tanto os escritores do campo da ensaística ou da autobiografia, mas particularmente e sobretudo os da filosofia. Por exemplo, Heidegger se baseou particularmente nas *Confissões* X e XI, sobretudo no *Ser e tempo*. Wittgenstein usou, como é sabido, o relato de Agostinho sobre aquisição de linguagem do Livro 1 das *Confissões* ao início das suas *Investigações filosóficas*, para lançar, por contraposição, sua noção de jogo de linguagem. Gadamer, por sua vez, desenvolveu explicitamente sua filosofia da linguagem como uma continuação das ideias de Agostinho. Em sua obra-prima, *A estrela da redenção*, Franz Rosenzweig, apesar de seu ponto de vista explicitamente judaico, foi intensamente influenciado pela ideia de confissão de Agostinho.

Mas é a outra pessoa, que escreve explicitamente a partir de seu caráter judaico, que devemos a resposta mais dinâmica, criativa e comprometida dos tempos modernos às *Confissões* de Agostinho. A *Circonfissão* de Jacques Derrida é, como seu intertexto do século IV, um trabalho diferente de qualquer outro. Mesmo sua editoração é incomum, pois a obra foi impressa literalmente como um subtexto para a *Derridabase*, obra de seu seguidor Geoffrey Bennington, que tenta, embora reconheça de antemão a impossibilidade do projeto, resumir o pensamento de Derrida. Derrida leu o trabalho de Bennington e, em tese, a *Circonfissão* é uma resposta a ele. Às vezes, os temas dos dois convergem, mas a *Circonfissão* foge para seus próprios domínios conceituais, entrelaçados com circunstâncias autobiográficas – como a mãe moribunda de Derrida, sua própria doença e seus 59 anos de idade. Tudo isso a partir da memória, de entradas anteriores em uma série de cadernos e... das *Confissões* de Agostinho.

Derrida compartilhava com Agostinho suas origens no Norte da África – ele passou os primeiros anos de sua vida na Rue Saint Augustin, em Argel –, além da profunda lealdade ao Norte da África. Ele afirma uma semelhança na morte de suas mães, pois Mônica "também terminou seus dias, como minha mãe, do outro lado do Mediterrâneo, longe de sua terra" (*Circonfissão*, 3). O fato de esse trabalho envolver e afastar-se simultaneamente das *Confissões*, no entanto, já é antecipado pelo título, *Circonfissão*, que significa "falando ao redor" em vez de "falando com". (A correspondência é ainda mais clara no francês original, *Circonfession*.) Ao mesmo tempo, a circonfissão não pode deixar de evocar a circuncisão, a marca corporal da principal diferença de Derrida em relação a Agostinho. De fato, a primeira página dos cadernos de anotação diz: "circuncisão, isso é tudo sobre o que já falei, considerando o discurso sobre limites, margens, marcas, marchas etc." (*Circonfissão* 14). Na última seção do trabalho, um jovem estudante grosseiro pergunta a Derrida, após uma palestra, o que ele havia feito para salvar os judeus durante a guerra, mas Derrida percebe com humildade que "lembra o fato de que as pessoas podem ainda não o saber [ou seja, que ele era judeu], mas se permanece culpado disso, daí o anúncio da circuncisão" (59). E, no entanto, diz: "eu sou um daqueles marranos que não dizem mais que são judeus, mesmo no segredo de seus próprios corações" (33). "Na minha família e entre os judeus argelinos, quase nunca se diz 'circuncisão', mas 'batismo'" (14). A presença marginal na página do texto de Derrida desempenha seu próprio significado: reforça, ao provocar uma inversão, seu próprio apagamento e o apagamento de seu judaísmo.

A relação com as *Confissões* é anunciada na primeira página, quando Derrida apresenta seu projeto como um lembrete *cur confitemur Deo scienti*, "por que confessamos a um Deus que tudo conhece". Não se trata de uma citação direta das *Confissões*, mas um subtítulo editorial da tradução em que Derrida encontrou o trabalho pela primeira vez. Por qual razão? E para qual Deus? Parte da genialidade da *Circonfissão* é que ela mantém o "Vós" das *Confissões*, seu imediatismo discursivo, ao passo que retém o julgamento sobre quem é esse "Vós". Derrida fala da "sintaxe não gramatical que ainda precisa ser inventada para falar do nome de Deus" (23). Podemos muito bem nos lembrarmos da litania de impossibilidades com que Agostinho começa as *Confissões*: "amais sem paixão; ardeis em zelos sem desassossego; vos arrependeis sem ato doloroso; vos irais e estais calmo; mudais as obras, mas não mudais de resolução" (1.4.4). Derrida reconhece: "a constância de Deus em minha vida é chamada por outros nomes, de modo que, com razão, passo por um ateu" (30); logo depois, ele reza: "meu Deus, peço perdão por não me dirigir a Vós, por ainda me dirigir a Vós" (32). Mais tarde, ele escreve sobre "o outro eu, o outro em mim, o Deus ateu" (41). Em uma conversa subsequente sobre a circunscrição, Derrida diz: "Deus existe na medida em que as pessoas acreditam em Deus. [...] Para mim, as religiões são a prova de que Deus existe, mesmo que Deus não exista". A *Circonfissão* é a oração sincera de um ateu.

A leitura das *Confissões* por Derrida é extremamente atenta. Ele cita tão ricamente os livros finais como os iniciais. Além da citação direta, sua linguagem é tão marcada pela linguagem das *Confissões* quanto as *Confissões* são marcadas pela da Bíblia. Ele escreve, por exemplo, "tenho minha memória como um céu à minha frente, todo o socorro, todas as ameaças de um céu, o simulacro peliculado de outra subjetividade absoluta" (43). Ora, isso lembra claramente a passagem que lemos no excerto 2, e algumas páginas depois, em que ele cita: "'o céu será dobrado como um livro' e agora se estende como um pergaminho sobre as nossas cabeças" – e assim por diante (13.15.16). Imediatamente depois de citar a passagem com que conclui que a vida abençoada é "a felicidade na verdade" (10.23.33), ele escreve, "pois ao retirar o desconhecimento do futuro do que acontece, não o encontro em outro lugar senão na confissão de minha memória" (28). Já observamos a importância, para Agostinho, do "não saber". Já "o futuro do que acontece" pode ser encarado como uma paráfrase brilhante para a distância do tempo. "[A] confissão da minha memória", ao escrever na expectativa diária da morte de sua mãe, é a versão de Derrida do "fazer a verdade", *veritatem facere* de Agostinho, uma frase à qual ele retorna pelo menos meia dúzia de vezes na *Circonfissão*, exclamando "eu ainda amo esse *facere*" (27).

Isso é adequado, pois a *Circonfissão*, tal como as *Confissões*, está intensamente preocupada com a linguagem. Para Agostinho, como vimos, um dos fios narrativos implícitos das *Confissões* é a sua aprendizagem da linguagem, primeiro falada, depois escrita, e, por fim, sobretudo a linguagem bíblica. Em cada uma dessas fases, ele precisou aprender a se sentir à vontade. Derrida, por outro lado, está preocupado com a estranheza de sua linguagem. Escrevendo em francês, citando as *Confissões* em latim e sendo judeu argelino, ele não se sente verdadeiramente à vontade em nenhum dos dois. Ele pergunta de forma comovente "por que eu falo com [Deus] em francês latino-cristão quando eles expulsaram do Lycée de Ben Aknoun, em 1942, um pequeno judeu negro e árabe que não entendia nada sobre ele?" (11). Ele nunca aprendeu a língua de sua tradição, o hebraico: "fiz minha 'comunhão' fugindo da prisão de qualquer das línguas, seja a sagrada, em que eles tentavam me trancar sem me abrir para ela [por terem-no expulsado como judeu], seja a secular, que eles deixaram claro que nunca seria a minha" (54). Não é de admirar que ele escreva no início da *Circonfissão* sobre o "falar rude":

> fazendo assim com a minha língua, o outro, aquele que sempre esteve correndo atrás de mim, girando em círculos ao meu entorno, uma circunferência me lambendo com uma chama e que eu tento, por minha vez, contornar, não tendo amado nada senão o impossível (1).

"Lambendo-me com uma chama": por mais absurdo que pareça, a imagem ressoa as chamas do Pentecostes que capacitaram os apóstolos a evangelizar em todas as línguas (At 2,1-13). Para Derrida, há uma sofrível impossibilidade de tentar se expressar, causada nele, há muito tempo, pelas circunstâncias de seu nascimento e de sua educação.

Portanto, é relevante quando Derrida escreve a respeito do "sinal da circuncisão, externo ou interno, não, não, você tem mais de duas línguas, a figurativa e a outra" (47). Para Agostinho, é a "circuncisão do coração" cristã que suplanta a "circuncisão da carne" judaica. Junto com isso, há a substituição das Escrituras hebraicas pelo Novo Testamento, interpretando as principais figuras da história judaica como meras "sombras" da revelação cristã. Lembremos que Ambrósio mostrou a Agostinho o caminho para esse tipo de interpretação, ensinando-lhe que "a letra mata, e o espírito dá vida" (6.4.6; 2Cor 3,6). Derrida, sem surpreender, recusa a dicotomia e a divisão excludente de "externo ou interno": o "não, não" repetido parece anular os dois. Ele ultrapassa "o figurativo e o outro", usando, de forma interessante, o termo básico "figurativo", e não "literal": "você tem mais de dois idiomas". Mas o "mais de dois" também é menor do que isso, pois ele não sente nenhum idioma como o seu.

E, no entanto, é conveniente que Derrida dê prioridade ao figurativo. Afinal, o que parece ser a extrema corporeidade de seu trabalho, escapa, na verdade, a todo momento para o incorpóreo, de forma que a imagem corpórea significa muito mais do que uma simples mudança corpórea. A imagem de abertura é a do sangue sendo retirado; daí passamos para "o interior da minha vida se exibindo para o exterior", para a caneta como se fosse uma seringa, pois "eu tenho procurado por mim em uma frase", o que nos leva, por meio da cauterização e da circuncisão, à "*Circonfissão*, se eu quiser dizer e fazer uma espécie de confissão sem que a verdade se revele" (2). Quando ele escreve sobre as escaras e feridas da mãe moribunda, ele as vincula às *généalogies en abîme*, que incluem, ironicamente, a escatologia (18). Derrida disse mais tarde que parte do que o impeliu às *Confissões* foram as lágrimas de Agostinho. Na *Circonfissão*, essas lágrimas estão repetidamente misturadas com sangue: "passei minha vida ensinando, para retornar ao final ao que mistura oração e lágrimas com sangue, *salus non erat in sanguine* [não havia salvação no sangue]" (3). Mas, nas *Confissões*, também o sangue é mais vívido quando é menos literal. Lembre-se de quando Agostinho perde sua companheira de longa data: "meu coração, onde ela estava presa, rasgou-se, feriu-se e escorria sangue" (6.15.25).

No fim das contas, o envolvimento de Derrida com as *Confissões* é quase tão excepcional e tão profundo quanto o de Agostinho com a Bíblia. Estranho que a longa busca de certeza de Agostinho deva encontrar sua homenagem mais completa nas incertezas ambíguas de Derrida. No entanto, as *Confissões* são amplas. Com um leitor suficientemente exigente, elas se abrem para uma plenitude impossível. E não houve leitor mais exigente e mais dilacerante – em relação a si mesmo, a Agostinho, às infinitas impossibilidades da linguagem – do que Derrida. Como Agostinho escreveu:

> Que dizemos nós, meu Deus, minha vida, minha santa delícia, ou que diz alguém quando fala de Vós? [...] Mas ai dos que se calam acerca de Vós, porque, embora falem muito, serão mudos! (1.4.4).

LEITURA DE APROFUNDAMENTO

A *Circonfissão* pode ser encontrada em Bennington (1993). Confira também Derrida (2005) e Vessey (2005b). A citação sobre religiões e existência de Deus vem de Derrida (2005, p. 39).

Referências

Traduções das Confissões (discutidas no prefácio)

BOULDING, M. (2012). *St Augustine*: The Confessions. 2. ed. Hyde Park: New City.

BURTON, P. (2001). *Augustine*: The Confessions. Nova York: A.A. Knopf [introdução por R. Lane Fox].

CHADWICK, H. (1991). *Saint Augustine*: Confessions. Oxford/Nova York: Oxford University Press.

HAMMOND, C.J.-B. (2014). *Augustine*: Confessions Books 1-8. Cambridge: Harvard University Press [Loeb Classical Library].

OUTLER, A.C. (2007). *St. Augustine*: Confessions. Nova York: Barnes & Noble Classics [introdução por M. Vessey].

PINE-COFFIN, R.S. (1961). *St. Augustine*: Confessions. Harmondswort/Nova York: Penguin [introdução por M. Vessey].

SHEED, F.J. (2006). *Augustine*: Confessions. 2. ed. Indianapolis: Hackett [introdução por P. Brown].

Traduções de outras obras de Agostinho (mencionadas no texto)

Against the Academics (1951). Trad. J.J. O'Meara. Nova York: Newman [Ancient Christian Writers, 12].

Answer to Faustus (2007). Trad. R. Teske. Hyde Park: New City [Works of Saint Augustine, I/20].

On Christian Teaching (1996). Trad. E. Hill (as Teaching Christianity). Hyde Park: New City [Works of Saint Augustine, I/11].

The City of God (1998). Trad. R.W. Dyson. Cambridge: Cambridge University Press [Cambridge Texts in the History of Political Thought].

Dolbeau Sermons (1997). Trad. E. Hill. Hyde Park: New City [Works of Saint Augustine, III/11].

On Genesis (2002). Trad. E. Hill. Hyde Park: New City [incluindo: *On Genesis: A Refutation of the Manichees and The Literal Meaning of Genesis*] [Works of Saint Augustine, I/13].

The Happy Life (2010). Trad. R.J. Teske. In: *Trilogy on Faith and Happiness*. Hyde Park: New City.

Letters (2001-2005). Trad. R.J. Teske. Hyde Park: New City [Works of Saint Augustine II/1 (Letters 1-99); II/2 (Letters 100-155); II/3 (Letters 156-210); II/4 (Letters 211-270)].

On Order (1942). Trad. R.P. Russell. Nova York: Cosmopolitan Science and Art Service [traduzido como *Divine Providence and the Problem of Evil*] [reimp. 1948]. Nova York: Catholic University of America Press [Writings of Saint Augustine vol. 1. Fathers of the Church, 1].

Revisions (2010). Trad. B. Ramsey. Hyde Park: New City [Works of Saint Augustine, I/2].

Soliloquies (2000). Trad. K. Paffenroth [como *Soliloquies: Augustine's Inner Dialogue*]. Hyde Park: New City [introdução por B. Ramsey].

The Teacher (1968). Trad. R.P. Russell. Washington: The Catholic University of America Press [The Fathers of the Church, 59].

True Religion (2005). Trad. E. Hill. In: *On Christian Belief*]. Hyde Park: New City, p. 13-104 [Works of Saint Augustine, I/8].

Obras de referência sobre Agostinho

FITZGERALD, A. (org.) (1999). *Augustine through the Ages*: an Encyclopedia. Grand Rapids/Cambridge: William B. Eerdmans.

MAYER, C. (org.) (1986). *Augustinus-Lexikon*. Basileia/Stuttgart: Schwabe.

MECONI, D.V. & STUMP, E. (orgs.) (2014). *The Cambridge Companion to Augustine*. 2. ed. Cambridge: Cambridge University Press [note que esta edição está listada separadamente da anterior por o conteúdo delas diferir substancialmente].

_____ (2001). *The Cambridge Companion to Augustine*. Cambridge: Cambridge University Press.

POLLMANN, K. (org.) (2013). *The Oxford Guide to the Historical Reception of Augustine*. Vol. 1: General Introduction and Works of Augustine; Works of Augustine. Vol. 2: Individuals and Themes A-I. Vol. 3: Individuals and Themes J-Z. Oxford: Oxford University Press.

VESSEY, M. (org.) (2012). *A Companion to Augustine*. Chichester/Malden: Wiley/Blackwell.

Bibliografia geral

(A série *Guidebooks* [na qual este livro está originalmente incluído] exige que toda a bibliografia esteja em inglês. Todavia, uma grande parte das obras mais importantes sobre as *Confissões* foi escrita em outras línguas modernas, sobretudo em francês. Um dos meus critérios para selecionar a bibliografia das "leituras de aprofundamento" foi, portanto, a escolha de livros ou artigos que façam referência a esse debate mais amplo. Caso o leitor leia outra língua moderna, peço que siga as referências indicadas nas notas de rodapé das seguintes obras.)

ARMSTRONG, A.H. (1979). *Plotinian and Christian Studies*. Londres: Variorum Reprints.

_____ (1967). "St. Augustine and Christian Platonism". In: *The St. Augustine Lecture 1966*. Villanova: Villanova University Press [reimpr. in: MARKUS, R.A. (org.) (1972). *Augustine*: A Collection of Critical Essays. Garden City: Doubleday, p. 61-91].

AUERBACH, E. (1993). "Sermo humilis". In: *Literary Language and its Public in Late Latin Antiquity and in the Middle Ages*. Princeton: Princeton University Press, p. 25-66 [trad. R. Manheim; novo prefácio por J. Ziolkowski].

AYRES, L. (2000). "The fundamental grammar of Augustine's Trinitarian theology". In: DODARO, R. & LAWLESS, G. (orgs.). *Augustine and his Critics*: Essays in Honour of Gerald Bonner. Londres/Nova York: Routledge, p. 51-76.

AYRES, L. (2014). "Augustine on the triune life of God". In: MECONI, D.V. & STUMP, E. (orgs.). *The Cambridge Com-*

panion to Augustine. 2. ed. Cambridge: Cambridge University Press, p. 60-78.

BeDUHN, J.D. (2013). *Augustine's Manichaean Dilemma*. Vol. 2: Making a 'Catholic' Self, 388-401 C.E. Philadelphia: University of Pennsylvania Press.

_____ (2010). *Augustine's Manichaean Dilemma*. Vol. 1: Conversion and Apostasy, 373-388 C.E. Philadelphia: University of Pennsylvania Press.

BENNINGTON, G. & DERRIDA, J. (1993). *Jacques Derrida*. Chicago: University of Chicago Press [trad. G. Bennington].

BOGAERT, P.-M. (2013). "The Latin Bible". In: PAGET, J.C. & SCHAPER, J. (orgs.). *The New Cambridge History of the Bible*. Vol. 1: From the Beginnings to 600. Cambridge: Cambridge University Press, p. 50-526.

BRIGHT, P. (org.) (1999). *Augustine and the Bible*. Notre Dame: University of Notre Dame Press [The Bible through the Ages, vol. 2].

BROWN, P. (2000). *Augustine of Hippo*: A Biography. 2. ed. Berkeley: University of California Press.

_____ (1969). "The diffusion of Manicheism in the Roman Empire". In: *Journal of Roman Studies*, 59, p. 92-103.

BURNABY, J. (1954). "The Retractationes of Saint Augustine: Self-criticism or apologia?" In: *Augustinus Magister*: Congrès international augustinien – Paris, 21-24 septembre 1954 (*Études Augustiniennes*, vol. 1, p. 85-92).

BURNS, P. (1993). "Augustine's distinctive use of the Psalms in the Confessions: The role of music and recitation". In: *Augustinian Studies*, 24, p. 133-146.

BURNYEAT, M.F. (1987). "Wittgenstein and Augustine De Magistro". In: *Proceedings of the Aristotelian Society*, suppl. 61, p. 1-24 [reimp. in: MATTHEWS, G. (org.). *The Augustinian Tradition*. Berkeley/Los Angeles: University of California Press, p. 286-303.

BURRUS, V. & KELLER, C. (2007). "Confessing Monica". In: STARK, J.C. (org.). *Feminist Interpretations of Augustine*. University Park: Pennsylvania State University Press, p. 119-146.

BURTON, P. (2007). *Language in the Confessions of Augustine*. Oxford: Oxford University Press.

_____ (2005). "The vocabulary of the liberal arts in Augustine's Confessions". In: POLLMANN, K. & VESSEY, M. (orgs.) (2005). *Augustine and the Disciplines*: From Cassiciacum to Confessions. Oxford: Oxford University Press, p. 141-164.

_____ (2000). *The Old Latin Gospels*: A Study of their Texts and Language. Oxford: Oxford University Press.

CAPUTO, J. & SCANLON, M. (orgs.) (2005). *Augustine and Postmodernism*: Confessions and Circumfession. Bloomington: Indiana University Press.

CAVADINI, J. (2014). "God's eternal knowledge according to Augustine". In: MECONI, D.V. & STUMP, E. (orgs.). *The Cambridge Companion to Augustine*. 2. ed. Cambridge: Cambridge University Press, p. 37-59.

_____ (2007). "The darkest enigma: Reconsidering the self in Augustine's thought". In: *Augustinian Studies*, 38, p. 119-132.

CAVARERO, A. (2000). *Relating Narratives*: Storytelling and Selfhood. Londres/Nova York: Routledge [trad. P.A. Kottman].

CLARK, G. (2015). *Monica*: An Ordinary Saint. Women in Antiquity. Oxford: Oxford University Press.

_____ (2005). *Augustine*: The Confessions. 2. ed. Exeter: Bristol Phoenix.

CLARK, G. (org.) (1995). *Augustine*: Confessions Books I–IV. Cambridge: Cambridge University Press [Cambridge Greek and Latin Classics].

CONNOLLY, J. (2010). "The politics of rhetorical education". In: GUNDERSON, E. (org.). *The Cambridge Companion to Ancient Rhetoric*. Cambridge: Cambridge University Press, p. 126-142.

CONYBEARE, C. (2016a). "Augustine's rhetoric in theory and practice". In: MacDONALD, M. (org.). *The Oxford Handbook of Rhetorical Studies*. Oxford: Oxford University Press.

_____ (2016b). "Noli me tangere: The theology of touch". In: PURVES, A. (org.). *Touch and the Ancient Senses* – The Senses in Antiquity. Abingdon: Routledge.

_____ (2012a). "Reading the Confessions". In: VESSEY, M. (org.). *A Companion to Augustine*. Chichester/Malden: Wiley/Blackwell, p. 99-110.

_____ (2012b). "Beyond word and image: Aural patterning in Augustine's Confessions". In: DE NIE, G. & NOBLE, T.F.X. (org.). *Envisioning Experience in Late Antiquity and the Middle Ages*: Dynamic Patterns in Texts and Images. Farnham/Burlington: Ashgate, p. 143-164.

_____ (2006). *The Irrational Augustine*. Oxford: Oxford University Press.

_____ (2000). *Paulinus Noster*: Self and Symbols in the Letters of Paulinus of Nola. Oxford: Oxford University Press.

COURCELLE, P. (1969). *Late Latin Writers and their Greek Sources*. Cambridge: Harvard University Press [trad. H. Wedeck].

_____ (1968). *Recherches sur les "Confessions" de saint Augustin*. 2. ed. Paris: Broccard.

COYLE, J.K. (2011). "Jesus, Mani, and Augustine". In: VAN DEN BERG, J.A. et al. (orgs.). *In Search of Truth*: Augustine, Manichaeism and other Gnosticism – Studies for Johannes van Oort at Sixty. Leiden/Boston: Brill, p. 363-376.

_____ (2008). "The idea of the 'Good' in Manichaeism". In: COYLE, J.K. *Manichaeism and Its Legacy*. Leiden: Brill, p. 51-64 [Nag Hammadi and Manichaean Studies, vol. 69].

DERRIDA, J. (2005). "Composing 'Circumfession'". In: CAPUTO, J. & SCANLON, M. (orgs.) (2005). *Augustine and Postmodernism*: Confessions and Circumfession. Bloomington: Indiana University Press, p. 19-27.

DODDS, E.R. (1960). "Tradition and personal achievement in the philosophy of Plotinus". In: *Journal of Roman Studies*, 50, p. 1-7.

DOUGLASS, L. (1996). "Voice re-cast: Augustine's use of conversation in De Ordine and the Confessions". In: *Augustinian Studies*, 27, p. 39-54.

FREDRIKSEN, P. (2012). "The Confessions as autobiography". In: VESSEY, M. (org.). *A Companion to Augustine*. Chichester/Malden: Wiley/Blackwell, p. 87-98.

_____ (1986). "Paul and Augustine: Conversion narratives, orthodox traditions, and the retrospective self". In: *Journal of Theological Studies*, NS 37, p. 3-34.

GAVRILOV, A.K. (1997). "Techniques of reading in classical antiquity". In: *Classical Quarterly*, NS 47, p. 56-73.

HAGENDAHL, H. (1967). *Augustine and the Latin Classics*. Gotemburgo: Acta Universitatis Gothoburgensis [Studia Graeca et Latina Gothoburgensia, XX].

HARRISON, C. (2013). *The Art of Listening in the Early Church*. Oxford: Oxford University Press.

_____ (2000). "The rhetoric of scripture and preaching: Classical decadence or Christian aesthetic?" In: DODARO, R. & LAWLESS, G. (orgs.). *Augustine and his Critics*. Londres/Nova York: Routledge, p. 214-230.

HARRISON, S. (1999). "Do we have a will? Augustine's way in to the will". In: MATTHEWS, G. (org.). *The Augustinian Tradition*. Berkeley/Los Angeles: University of California Press, p. 195-205.

HELM, P. (2003). "Augustine's griefs". In: *Faith and Philosophy*, 20, p. 448-459.

KASTER, R.A. (1988). *Guardians of Language*: The Grammarian and Society in Late Antiquity. Berkeley/Los Angeles/Londres: University of California Press.

KENNEY, J.P. (2013). *Contemplation and Classical Christianity*: A Study in Augustine. Oxford: Oxford University Press.

KNUUTTILA, S. (2014). "Time and creation in Augustine". In: MECONI, D.V. & STUMP, E. (orgs.). *The Cambridge Companion to Augustine*. 2. ed. Cambridge: Cambridge University Press, p. 81-97.

KOTZÉ, A. (2013). "A protreptic to a liminal Manichean at the centre of Confessions 4". In: VAN OORT, J. (org.). *Augustine and Manichaean Christianity*. Leiden: Brill, p. 107-135 [Nag Hammadi and Manichaean Studies, vol. 83].

_____ (2006). "'The puzzle of the last four books of Augustine's Confessions': An illegitimate issue?" In: *Vigiliae Christianae*, 60 (1), p. 65-79.

LANCEL, S. (2002). *St Augustine*. Londres: SCM [trad. A. Nevill].

LEYSER, C. (2012). "Augustine in the Latin West, 430-c. 900". In: VESSEY, M. (org.). *A Companion to Augustine*. Chichester/Malden: Wiley/Blackwell, p. 450-464.

LLOYD, G. (1999). "Augustine and the 'problem' of time". In: MATTHEWS, G. (org.). *The Augustinian Tradition*. Berkeley/Los Angeles: University of California Press, p. 39-60.

MacCORMACK, S. (1998). *The Shadows of Poetry*: Vergil in the Mind of Augustine. Berkeley/Los Angeles/Londres: University of California Press.

MacDONALD, S. (2008). "The paradox of inquiry in Augustine's Confessions". In: *Metaphilosophy*, 39, p. 20-38.

MANN, W.E. (org.) (2006). *Augustine's Confessions*: Critical Essays. Lanham/Oxford: Rowman & Littlefield.

MARKUS, R.A. (org.) (1972). *Augustine*: A Collection of Critical Essays. Garden City: Doubleday.

MATHEWES, C.T. (2002). "The liberation of questioning in Augustine's Confessions". In: *Journal of the American Academy of Religion*, 70, p. 539-560.

MATTER, E.A. (1990). "Conversion(s) in the Confessiones". In: SCHNAUBELT, J.C. & VAN FLETEREN, F. (orgs.). *Collectanea Augustiniana*. Vol. 1: Augustine: Second Founder of the Faith. Nova York: Peter Lang, p. 21-28.

MATTHEWS, G. (2003). "Augustine on the mind's search for itself". In: *Faith and Philosophy*, 20, p. 415-429.

MATTHEWS, G. (org.) (1999). *The Augustinian Tradition*. Berkeley/Los Angeles: University of California Press.

MAY, G. (1994). *Creatio ex Nihilo*: The Doctrine of 'Creation out of Nothing' in Early Christian Thought. Edimburgo: T&T Clark [trad. A.S. Worrall].

McGURK, P. (1994). "The oldest manuscripts of the Latin Bible". In: GAMESON, R. (org.). *The Early Medieval Bible*: Its Production, Decoration and Use. Cambridge: Cambridge University Press, p. 1-23.

McMAHON, R. (1989). *Augustine's Prayerful Ascent*: An Essay on the Literary Form of the Confessions. Athens/Londres: The University of Georgia Press.

MECONI, D.V. & STUMP, E. (orgs.) (2014). *The Cambridge Companion to Augustine*. 2. ed. Cambridge: Cambridge University Press.

MENN, S. (2014). "The desire for God and the aporetic method in Augustine's Confessions". In: MANN, W.E. (org.). *Augustine's Confessions*: Philosophy in Autobiography. Oxford: Oxford University Press, p. 71-107.

MILES, M. (1992). *Desire and Delight*: A New Reading of Augustine's Confessions. Nova York: Crossroad.

MISCH, G. (1951). *A History of Autobiography in Antiquity*. 2 vols. Cambridge: Harvard University Press.

MOHRMANN, C. (1958). "Saint Augustine and the 'Eloquentia'". In: MOHRMANN, C. *Études sur le latin des chrétiens*. Roma: Edizioni di Storia e Letteratura, p. 351-370.

NIGHTINGALE, A. (2011). *Once out of Nature*: Augustine on Time and the Body. Chicago: University of Chicago Press.

O'CONNELL, R.J. (1969). *St. Augustine's Confessions*: The Odyssey of Soul. Cambridge: Harvard University Press.

O'DALY, G. (2008). "Two kinds of subjectivity in Augustine's 'Confessions': Memory and identity, and the integrated self". In: REMES, P. & SIHVOLA, J. (orgs.). *Ancient Philosophy of the Self*. Berlin: Springer, p. 195-203.

_____ (1987). *Augustine's Philosophy of Mind*. Berkeley/Los Angeles: University of California Press.

O'DONNELL, J.J. (2005). *Augustine*: A New Biography. Nova York: Ecco.

_____ (1992). *Augustine*: Confessions [3 vols.: Introduction and text (vol. 1); Commentary on Books 1-7 (vol. 2); Commentary on Books 8-13 and Indexes (vol. 3) [Disponível em http://www.stoa.org/hippo/].

O'MEARA, J.J. (1970). "Plotinus and Augustine: Exegesis of 'Contra Academicos' II.5". In: *Revue Internationale de Philosophie*, 24 (92), p. 321-337.

PAFFENROTH, K. & KENNEDY, R.P. (orgs.) (2003). *A Reader's Companion to Augustine's Confessions*. Louisville/Londres: Westminster John Knox Press.

PAULINO DE NOLA (1966-1968). *Letters*. Westminster: Newman [trad. P.G. Walsh] [Ancient Christian Writers, vol. 35 (cartas 1-22) e vol. 36 (cartas 23-51)].

PLATÃO (1993). *Symposium*. Albany: State University of New York Press, p. 15-59 [trad. W.C. Cobb in: *The Symposium and the Phaedrus*: Plato's Erotic Dialogues].

_____ (1992). *Republic*. Indianapolis: Hackett [trad. G.M.A. Grube, rev. C.D.C. Reeve].

PLOTINO (1962). *The Enneads*. 3. ed. Londres: Faber and Faber [trad. S. McKenna; rev. B.S. Page].

POLLMANN, K. & VESSEY, M. (orgs.) (2005). *Augustine and the Disciplines*: From Cassiciacum to Confessions. Oxford: Oxford University Press.

POSSÍDIO (2010). "Indiculus". In: AGOSTINHO. *Revisions*. Hyde Park: New City, p. 169-202 [trad. B. Ramsey] [Works of Saint Augustine, I/2].

_____ (1995). "The Life of Saint Augustine". In: NOBLE, T.F.X. & HEAD, T. (orgs.). *Soldiers of Christ*: Saints and Saints' Lives from Late Antiquity and the Early Middle Ages. University Park: Pennsylvania State University Press, p. 31-74.

PRANGER, M.B. (2001). "Time and narrative in Augustine's Confessions". In: *The Journal of Religion*, 81, p. 377-393.

RIST, J. (1994). *Augustine*: Ancient Thought Baptized. Cambridge: Cambridge University Press.

SHANZER, D.R. (2005). "Augustine's disciplines: Silent diutius Musae Varronis?" In: K POLLMANN, K. & VESSEY, M. (orgs.) (2005). *Augustine and the Disciplines*: From Cassiciacum to Confessions. Oxford: Oxford University Press, p. 69-112.

_____ (2002). "Avulsa a Latere Meo: Augustine's spare rib – Confessions 6.15.25". In: *The Journal of Roman Studies*, 92, p. 157-176.

_____ (1996). "Pears before swine: Augustine, Confessions 2.4.9". In: *Revue d'études augustiniennes et patristiques*, 42 (1), p. 45-55.

SMITH, S. & WATSON, J. (2001). *Reading Autobiography*: A Guide for Interpreting Life Narratives. Minneapolis/Londres: University of Minnesota Press.

STARK, J.C. (1990). "The dynamics of the will in Augustine's conversion". In: SCHNAUBELT, J.C. & VAN FLETEREN, F. (orgs.). *Collectanea Augustiniana*. Vol. 1: Augustine: Second Founder of the Faith. Nova York: Peter Lang, p. 45-64.

STOCK, B. (2010). *Augustine's Inner Dialogue*: The Philosophical Soliloquy in Late Antiquity. Cambridge/Nova York: Cambridge University Press.

_____ (1996). *Augustine the Reader*: Meditation, Self-Knowledge, and the Ethics of Interpretation. Cambridge/Londres: Harvard University Press.

_____ (1995). "Reading, writing, and the self: Petrarch and his forerunners". In: *New Literary History*, 26, p. 717-730.

STUDER, B. (1997). *The Grace of Christ and the Grace of God in Augustine of Hippo*: Christocentrism or Theocentrism? Collegeville: The Liturgical Press.

STUMP, E. & KRETZMANN, N. (orgs.) (2001). *The Cambridge Companion to Augustine*. Cambridge: Cambridge University Press.

TAYLOR, C. (1989). *Sources of the Self: The Making of the Modern Identity*. Cambridge: Harvard University Press.

TeSELLE, E. (1970). *Augustine the Theologian*. Londres: Herder and Herder.

TESKE, R.J. (2008). "Spirituals and spiritual interpretation in Augustine". In: TESKE, R. *To Know God and the Soul*: Essays on the Thought of Saint Augustine. Washington: Catholic University of America Press, p. 49-69.

_____ (2001). "Augustine's philosophy of memory". In: STUMP, E. & KRETZMANN, N. (orgs.) (2001). *The Cambridge Companion to Augustine*. Cambridge: Cambridge University Press, p. 148-158.

TONER, J. (2015). "Smell and Christianity". In: BRADLEY, M. (org.). *Smell and the Ancient Senses* – The Senses in Antiquity. Abingdon: Routledge, p. 158-170.

TORNAU, C. (2014). "Intelligible matter and the genesis of intellect: The metamorphosis of a Plotinian theme in Confessions 12-13". In: MANN, W.E. (org.). *Augustine's Confessions*: Philosophy in Autobiography. Oxford: Oxford University Press, p. 181-218.

VAN BAVEL, T.J. (1987). "The double face of love in St. Augustine. The daring inversion: Love is God". In: *Atti del Congresso*

Internazionale su S. Agostino nel XVI centenario della conversione. Vol. III. Roma: Istituto Patristico Augustinianum, p. 81-102.

VAN OORT, J. (2012). "Augustine and the books of the Manicheans". In: VESSEY, M. (org.). *A Companion to Augustine.* Chichester/Malden: Wiley/Blackwell, p. 188-199.

VANCE, E. (1982). "Saint Augustine: Language as temporality". In: LYONS, J.D. & NICHOLS, S.G. (orgs.). *Mimesis*: From Mirror to Method, Augustine to Descartes. Hanover: Dartmouth College/ University Press of New England, p. 20-35.

VERHEIJEN, L. (1990). "The Confessiones of Saint Augustine: Two grids of composition and reading". In: SCHNAUBELT, J.C. & VAN FLETEREN, F. (orgs.). *Collectanea Augustiniana.* Vol. 1: Augustine: Second Founder of the Faith. Nova York: Peter Lang, p. 175-201.

VESSEY, M. (org.) (2012). *A Companion to Augustine.* Chichester/Malden: Wiley/Blackwell.

_____ (2005a). *Latin Christian Writers in Late Antiquity and their Texts* – Variorum Collected Studies. Aldershot: Ashgate.

_____ (2005b). "Reading like angels: Derrida and Augustine on the book (for a history of literature)". In: CAPUTO, J. & SCANLON, M. (orgs.) (2005). *Augustine and Postmodernism*: Confessions and Circumfession. Bloomington: Indiana University Press, p. 173-207.

_____ (1998). "Opus imperfectum: Augustine and his readers, 426-435 A.D." In: *Vigiliae Christianae*, 52, p. 264-285 [reimp. in: VESSEY, M. (2005a). *Latin Christian Writers in Late Antiquity and their Texts* – Variorum Collected Studies. Aldershot: Ashgate, estudo VII].

_____ (1993). "Conference and confession: Literary pragmatics in Augustine's 'Apologia contra Hieronymum'". In: *Journal of Early Christian Studies*, 1, p. 175-213 [reimp. in: VESSEY, M. (2005a).

Latin Christian Writers in Late Antiquity and their Texts – Variorum Collected Studies. Aldershot: Ashgate, estudo V].

WETZEL, J. (2013). *Parting Knowledge*: Essays after Augustine. Eugene: Cascade.

_____ (2012). "Review of Andrea Nightingale, Once out of Nature". In: *Notre Dame Philosophical Reviews*, 01/abr.

_____ (2011). "Life in unlikeness: The materiality of Augustine's conversion". In: *The Journal of Religion*, 91 (1): The Augustinian Moment, p. 43-63.

_____ (2010). "Wittgenstein's Augustine: The inauguration of the later philosophy". In: CARY, P.; DOODY, J. & PAFFENROTH, K. (orgs.). *Augustine and Philosophy. Augustine in Conversation*: Tradition and Innovation. Lanham/Plymouth: Lexington Books, p. 219-242.

WHITE, C. (1992). *Christian Friendship in the Fourth Century*. Cambridge/Nova York: Cambridge University Press.

WILLS, G. (2002-2003). "Augustine's pears and the nature of sin". In: *Arion: A Journal of Humanities and the Classics*, 3. ser. 10 (1), p. 57-66

_____ (1999). *Saint Augustine*. Nova York: Viking.

ÍNDICE DE CITAÇÕES

Elaborado por Daniel J. Crosby. Listamos apenas as passagens das *Confissões* e da Bíblia. Para as outras obras, confira o índice de temas.

Das *Confissões*

Livro 1 40

    1.1.1 30, 40, 67, 75, 100-101, 198, 201

    1.2.2 60-66, 102, 172-173, 202-203

    1.3.3 197

    1.4.4 68, 87, 222, 226

    1.5.5 68

    1.6.7 77, 174

    1.6.8 77

    1.6.9 174-175

    1.6.10 25, 78, 142, 198

    1.7.12 177

    1.8.13 79, 175

    1.13.20 82, 87

    1.13.21 83

    1.14.23 80

    1.16.26 82

    1.17.27 83

    1.18.29 86

Livro 2 41

    2.1.1 68, 176, 196, 213

    2.2.2 169

    2.3.5 83

    2.3.6 21, 176

    2.3.7 41

    2.5.10 123, 170

    2.6.13 123

    2.8.16 169

    2.9.17 170

Livro 3 41

    3.1.1 41, 68, 129, 169

    3.2.2 122

    3.3.6 84

    3.4.7 73

    3.4.8 92, 140

    3.5.9 93

    3.6.10 88, 92, 124, 130

    3.7.12 134

    3.7.14 116, 152

    3.10.18 127

    3.11.19 39

Livro 4 42
    4.1.1 68, 88
    4.2.2 173
    4.2.3 42
    4.4.7 76, 170-172
    4.4.9 72, 171, 217
    4.4.9-4.7.12 171
    4.6.11 167-168
    4.7.12 129
    4.8.13 171
    4.9.14 171
    4.10.15 37, 116, 152
    4.11.17 143
    4.12.18 143, 147
    4.12.19 143
    4.14.21 84
    4.14.23 84
    4.15.25 56, 84
    4.16.30 84, 98

Livro 5 42-43
    5.1.1 25, 68-69
    5.2.2 37
    5.3.3 89
    5.3.4 127
    5.3.5 147-148
    5.6.11 89
    5.7.12 90, 128
    5.7.13 90
    5.8.15 162-163
    5.10.18 129
    5.10.19 73, 134
    5.11.20 128
    5.13.23 43, 85, 91
    5.14.24 95-96
    5.14.25 73

Livro 6 43-44
    6.1.1 39, 162
    6.3.3 113
    6.3.4 44, 134
    6.4.5 37
    6.4.6 95, 225
    6.5.7 177
    6.5.8 95
    6.6.9 130
    6.7.11-6.10.17 172
    6.8.13 122
    6.10.17 164
    6.11.18 196
    6.11.20 44
    6.12.21 122
    6.12.22 122, 130
    6.15.25 129, 225
    6.16.26 173

Livro 7 43-45
    7.1.1 21, 70, 134, 175
    7.2.3 131
    7.3.5 128
    7.5.7 128
    7.7.11 129
    7.8.12 103-105
    7.9.13 132, 135
    7.10.16 136, 138, 141
    7.13.19 44, 139
    7.16.22 129
    7.17.23 136, 147
    7.18.24 143-144
    7.20.26 98, 144
    7.21.27 96, 144

Livro 8 45
    8.1.1 70
    8.5.10 18

8.7.16 38
8.7.17 121, 176
8.7.18 57
8.9.21 46, 130
8.10.22 130, 197
8.10.24 130
8.11.26 46, 121
8.12.29 65, 141
8.12.30 39, 46, 215

Livro 9 47-48
9.1.1 65, 70
9.3.5 164, 165
9.3.6 36, 165
9.4.7 73
9.4.8 114
9.4.8–9.4.11 115
9.4.10 139
9.4.11 115, 137
9.5.13 87, 97
9.6.14 47, 164-165
9.7.15 91
9.10.23 154, 195
9.10.24 137, 154, 195
9.10.25 154-161
9.10.26 141, 161, 178
9.11.27 166, 179
9.11.28 174
9.12.30 167
9.12.32 174
9.12.33 166
9.13.34 168
9.13.37 25, 164, 166

Livro 10 48-49
10.1.1 27, 70
10.2.2 27, 64

10.3.3 27
10.3.4 27
10.4.6 28
10.5.7 28, 216
10.6.8 148, 179
10.6.9 148
10.6.10 149
10.7.11 179
10.8.12 179, 183
10.8.13 183
10.8.14 182
10.8.15 183, 214
10.9.16 179, 183
10.11.18 180
10.13.20 180
10.14.21 180, 182
10.14.22 185
10.15.23 180, 184
10.16.24 184
10.16.25 180, 185
10.17.26 179-180, 182-183
10.18.27 186
10.20.29 81, 181
10.21.31 181
10.23.33 223
10.23.34 181, 203
10.24.35 181, 183
10.25.36-10.26.37 183
10.27.38 49, 119, 187
10.30.41 49
10.30.42 130
10.31.43 120
10.31.47 120
10.32.48 120
10.33.49 118
10.33.50 39, 73, 76, 120, 217
10.34.51 120

10.39.64 49
10.40.65 186, 197
10.43.69 144
10.43.70 49, 144

Livro 11 49-50
11.1.1 71, 201
11.2.3 97
11.3.5 88
11.4.6 149
11.5.7 150
11.10.12 188
11.12.14 188
11.13.16 197
11.14.17 188-189
11.18.23 177, 189
11.20.26 189, 193
11.22.28 202
11.23.30 190
11.26.33 50, 190
11.27.34 193
11.28.37 193
11.28.38 191
11.29.39 192, 194, 196
11.30.40 188
11.31.41 117, 191

Livro 12 50-51
12.1.1 71
12.3.3 51
12.7.7 138, 150
12.9.9 51
12.12.15 150
12.13.16 51, 150
12.14.17 106
12.14.17–12.17.26 51
12.15.18 193

12.15.19 150
12.15.22 195
12.16.23 197
12.17.24-26 151
12.24.33 17
12.25.34 52
12.26.36 52, 105
12.28.38 99
12.29.40 117-118, 150, 152
12.31.42 58, 99
12.32.43 51

Livro 13 52
13.2.3 36
13.14.15 35
13.15.16 223
13.15.16; 18 107-112
13.20.26 151
13.22.32 53
13.23.33 52
13.29.44 116
13.30.45 131
13.31.46 137
13.32.47 149
13.33.48–13.34.39 52
13.34.49 151
13.38.53 53, 71, 199-204

Da Bíblia

Livro do Gênesis (Gn)
1,1-2 51, 117
1,2 150
1,6-7 110

1,10 117
1,14 151
1,31 149
2,7 103
3,19 103
18,27 77, 103

Livro do Êxodo (Ex)
3,14 137

Livro de Josué (Js)
10,13 189

Livro de Jó (Jó)
19,25-27 104
42,6 103

Livro dos Salmos (Sl)
4 47, 113-115, 131, 137
4,8 137
6,2 69
35,3 70
35,10 69
42-43 75
48,1 101
80,7 36
96,4 101
104 160
104,2 111
117,1 26
139,8 64
145,3 101
147,5 101

Livro do Profeta Isaías (Is)
7,9 94
34,4 110

Livro do Profeta Jeremias (Jr)
23,24 64

Livro do Profeta Malaquias (Ml)
3,3 196

Livro de Tobias (Tb)
12,7 102
13,1 101
13,2 102

Livro do Eclesiástico (Eclo)
17,32 103

Evangelho segundo Mateus (Mt)
7,7 72
7,7-8 202
18,3 94
25,21 159
25,23 159

Evangelho segundo Lucas (Lc)
11,9 72
15,11-32 55

Atos dos Apóstolos (At)
2,1-13 224

Epístola aos Romanos (Rm)
13,13-14 46

Primeira Epístola aos Coríntios
(1Cor)
13,1 161
13,12 103
15,52 21, 136

Segunda Epístola aos Coríntios
(2Cor)
   3,6 225

Epístola a Filêmon (Fm)
   3,13 195

Primeira Epístola de João (1Jo)
   2,16 56

Livro do Apocalipse (Ap)
   3,18 104

Índice de temas

Acadêmicos 73-75

Adão e Eva 103, 111

Adeodato, filho de Agostinho 31, 42, 164-165

Adolescência 176-177

Alegoria 151

Alegorização 94-96, 224-226

Alípio 44-45, 122, 172, 215

Alma 129-130, 143, 171, 174-175

Ambrósio de Milão 90-91, 95-96, 134
e leitura silenciosa 113
hino (*Deus creator omnium*) de 117, 165, 190-191

Amigo (anônimo) 42, 75, 145
sua morte 167-171

Amizade 167-173

Amor 106, 132, 143, 148, 162, 168-171
cf. tb. Trindade como estrutura

Ausência de forma 117-118, 150

Autobiografia 216

BeDuhn, Jason 127

Beleza 120-121, 136, 139, 147-149, 187

Bíblia; cf. Escrituras

Boulding, Maria 98

Brown, Peter 173

Cantar 116-118

Cícero 94
Da amizade 170
Hortênsio 73-74, 92
cf. tb. *Acadêmicos*

Circuncisão 96-97, 221, 224-225

Clark, Gillian 55, 77

Companheira de Agostinho (mulher, anônima) 129, 173, 225

Companheiros 124, 169

Confissão 25-28, 37, 64, 70, 72, 98, 129, 216

Conversão 35-40, 55, 76

Courcelle, Pierre 54

Crença 177

Criação 36-37, 69, 147-153, 202

Cristo 39, 78, 92, 103-104, 123, 140-146, 174-175, 194-195

Curiosidade 122, 145

Derrida: *Circonfissão* 220-226

Descartes 219

Desejo 130

Dessemelhança 137, 138-139

Deus *passim*

Dido 82

Dilaniare 168, 196

Distentio (do tempo) 190-192, 194-195, 223

Donatismo 32, 207-208

Escrituras 93-99
 sua interpretação 58, 98, 151-152
 sua linguagem 99-106
 como Palavra de Deus 67, 71-72, 115

Escutar 119-120, 159-161

Esquecimento 184-186

Eu 27-28, 38, 104-105, 128, 172-174, 182-183, 196-197, 217-219

Eucaristia 146

Fausto, o maniqueísta 43, 89-90, 126-128

"Fazer a verdade" 26-28, 91, 223

Gadamer 220

Galeno 205

Graça 22-23, 76, 144, 207-208, 218

Grego 80

Heidegger 220

Hiério 84

Horácio 167

Hortênsio; cf. Cícero

Humildade 94, 103, 144, 151, 221

Idipsum 137-138, 154

Infância 65, 93, 177-178

Lamber 139, 224

Leitores; cf. Público

Linguagem 77-81, 223
 das *Confissões* 34

Mal 126, 128-129, 138-139

Maniqueístas 30, 115, 149-151, 207-208
 e a criação *ex nihilo* 149, 188
 e a materialidade de Deus 69-70, 76, 128-129
 e a verborragia 88
 e Cristo 92

Maniqueísmo 124-129

Memória 78, 177-187, 223

Mimese, afetiva 57-59

Moisés 88, 98, 105

Mônica, mãe de Agostinho 29, 39, 141, 154-155, 162-166, 195
 sua morte 168, 173, 178, 221

Não falar 78, 142

Não saber 28, 174-175, 221-223

Nebrídio 47, 164-165, 172

Neoplatonismo 132, 142
 cf. tb. Plotino

O'Donnell, James 56, 168, 172, 201

Obras de Agostinho
    A verdadeira religião 218
    Carta 137 174
    Carta 143 206
    Carta 17 31
    Carta 21 97
    Carta 258 170
    Contra os acadêmicos 74
    Da beleza e do harmônico 42, 83-84, 125-127
    Da ordem 33
    Do Mestre 78
    Revisões 16-17, 25, 55, 175, 203, 206-209
    Sermão Dolbeau, 21 86
    Sermão Dolbeau, 8 26
    Solilóquios 74

Ontologia; cf. *Idipsum*

Patrício da Irlanda: *Confissões* 212

Patrício, pai de Agostinho 29, 83, 164
    sua morte 92

Paulino de Nola 34

Pelagianismo 207-208

Petrarca: *Cartas familiares* 4.1 213-215

Platão 132
    e a alegoria da caverna 140

Platônicos 95-96, 132-133

Plotino 133-139, 154
    e "O Uno" 133, 135, 141

Poesia 116, 190

Ponticiano 38

Possídio
    Indiculus 211-212
    Vida de Agostinho 209-212

Prece 68-71, 80, 119-120, 148, 166, 222

Público 28-29, 33, 115, 201

Questionamento 63-64, 72-76, 148-149

Retórica 84-92
    mestre em 85

Rosenzweig 220

Sacrifício 68-69

Salmos 100-101, 209

Sexo 41-42, 120-121, 130, 169

Som 152-153
    cf. tb. Voz

Tato 119-121

Tempo 116-117, 150, 187-193

Terêncio 81-82

Trindade como estrutura (ser, conhecer, amar/querer) 55-56, 64, 104, 111-112, 142, 148-149, 192-194

Verecundo 47, 164

Virgílio 82-83

Visão 120-121

Viscus 130

Voz 79, 113-118, 149
    cf. tb. Cantar, Escutar

Vulgata 94

Wetzel, James 194

Wittgenstein 79, 220

Coleção Chaves de Leitura

- *Fundamentação da metafísica dos costumes – Uma chave de leitura*
Sally Sedgwick

- *Fenomenologia do espírito – Uma chave de leitura*
Ralf Ludwig

- *O príncipe – Uma chave de leitura*
Miguel Vatter

- *Assim falava Zaratustra – Uma chave de leitura*
Rüdiger Schmidt e Cord Spreckelsen

- *A república – Uma chave de leitura*
Nickolas Pappas

- *Ser e tempo – Uma chave de leitura*
Paul Gorner

- *A Ética a Nicômaco – Uma chave de leitura*
Michael Pakaluk

- *Suma Teológica de Tomás de Aquino – Uma chave de leitura*
Stephen J. Loughlin

- *O ser e o nada – Uma chave de leitura*
Sebastian Gardner

- *Confissões – Uma chave de leitura*
Cathernine Conybeare

CULTURAL
- Administração
- Antropologia
- Biografias
- Comunicação
- Dinâmicas e Jogos
- Ecologia e Meio Ambiente
- Educação e Pedagogia
- Filosofia
- História
- Letras e Literatura
- Obras de referência
- Política
- Psicologia
- Saúde e Nutrição
- Serviço Social e Trabalho
- Sociologia

CATEQUÉTICO PASTORAL

Catequese
- Geral
- Crisma
- Primeira Eucaristia

Pastoral
- Geral
- Sacramental
- Familiar
- Social
- Ensino Religioso Escolar

TEOLÓGICO ESPIRITUAL
- Biografias
- Devocionários
- Espiritualidade e Mística
- Espiritualidade Mariana
- Franciscanismo
- Autoconhecimento
- Liturgia
- Obras de referência
- Sagrada Escritura e Livros Apócrifos

Teologia
- Bíblica
- Histórica
- Prática
- Sistemática

REVISTAS
- Concilium
- Estudos Bíblicos
- Grande Sinal
- REB (Revista Eclesiástica Brasileira)

VOZES NOBILIS
Uma linha editorial especial, com importantes autores, alto valor agregado e qualidade superior.

VOZES DE BOLSO
Obras clássicas de Ciências Humanas em formato de bolso.

PRODUTOS SAZONAIS
- Folhinha do Sagrado Coração de Jesus
- Calendário de mesa do Sagrado Coração de Jesus
- Agenda do Sagrado Coração de Jesus
- Almanaque Santo Antônio
- Agendinha
- Diário Vozes
- Meditações para o dia a dia
- Encontro diário com Deus
- Guia Litúrgico

CADASTRE-SE
www.vozes.com.br

EDITORA VOZES LTDA.
Rua Frei Luís, 100 – Centro – Cep 25689-900 – Petrópolis, RJ
Tel.: (24) 2233-9000 – Fax: (24) 2231-4676 – E-mail: vendas@vozes.com.br

UNIDADES NO BRASIL: Belo Horizonte, MG – Brasília, DF – Campinas, SP – Cuiabá, MT
Curitiba, PR – Fortaleza, CE – Goiânia, GO – Juiz de Fora, MG
Manaus, AM – Petrópolis, RJ – Porto Alegre, RS – Recife, PE – Rio de Janeiro, RJ
Salvador, BA – São Paulo, SP